京都政策研究センターブックレット No. 4

地域創生の最前線
地方創生から地域創生へ

企画

京都府立大学 京都政策研究センター
KYOTO POLICY INSTITUTE

監修・解説
増田 寛也

編著
青山 公三・小沢 修司・杉岡 秀紀・菱木 智一

公人の友社

目次

はじめに ……………………………………………………………… 4

第1部：地域創生と人口減少（講演・対談編）

【講演】人口減少社会における地方創生の戦略
　　　　山田啓二（京都府知事） ……………………………………… 6

【対談】地域創生と人口減少
　　　　山田啓二（京都府知事）×増田寛也（京都府立大学客員教授・元総務大臣） …… 14

【講演】人口減少問題と地方自治体～東京一局集中からの脱却～
　　　　増田寛也（京都府立大学客員教授・元総務大臣） ……………… 18

第2部 地域創生の最前線（事例編） 26

- 事例1　早川町（山梨県） 26
- 事例2　真庭市（岡山県） 35
- 事例3　氷見市（富山県） 41
- 事例4　神山町（徳島県） 51
- 事例5　鯖江市（福井県） 60
- 事例6　湖南市（滋賀県）［実践報告］ 67

第3部 地域創生に取り組む市町村（調査編） 75

人口動態・アンケートなどからみる地域創生 75

おわりに（解説） 82

《資料》 84

はじめに

平成26年5月に民間研究機関である「日本創成会議（座長：増田寛也）」によって出された報告書（いわゆる「増田レポート」）は、平成22年から30年間での20〜39歳の女性人口の予想減少率を根拠に、平成52年までに全国の自治体の約半数にあたる896自治体が「消滅可能性」にあることを指摘し、全国の自治体及び国民を震撼させた。その衝撃の強さからこのレポートを「増田ショック」と評する論者もいる。平成26年のユーキャン新語・流行語大賞の候補に「消滅可能性都市」が入ったことはその証左であろう。

政府はこのレポートを受け、同年9月29日から始まった臨時国会を「地方創生国会」と名付け、地方が直面する人口減少や超高齢化などの構造的な課題に歯止めをかけ、若者が将来に夢や希望を持てる地方の創生に向けて抜本的な対策を講じるべく、総理を本部長とする「まち・ひと・しごと創生本部」を立ち上げ、担当大臣を置いた。また衆議院の解散直前であったが、「地方創生関連法案」を矢継ぎ早に成立させた。そして、この法案の施行を受け、全国の自治体でも「まち・ひと・しごと創生本部」が立ち上がり、平成27年度内に「まち・ひと・しごと創生総合戦略」及び人口ビジョンを策定するなど、いわゆる「地方創生」に取り組むこととなった。

本書はこうした流れを真っ向から否定する立場ではない。ただし、過疎対策然り、リゾート振興然り、ふるさと創生1億円然り、中心市街地活性化然り、市町村合併然り、そして、近年の一連の少子化対策然り、これまでの国主導のいわゆる地域活性化政策や少子化対策により、課題の解決につながった例は残念ながら殆どない。翻って、島根県海士町にせよ、徳島県神山町や上勝町にせよ、この度の「地方創生」において先進事例として紹介された地域はいずれも、国主導の

はじめに

政策にあえて乗っからず、自力的かつ自律的に地域づくりを展開したまちばかりである。つまり、こうした地域には消滅可能性ではなく、持続可能性の光が差し始めている。この皮肉をどのように捉えれば良いのだろうか。我々の関心はそこにある。すなわち、重要なのは、「地方」と一括りにし、国主導、上位下達で進める「地方創生」ではなく、地方自治体及び地域住民が地域課題を「自分ごと」として受け止め、地域主導、住民主導で地域に磨きをかけていく「地域創生」の視点である。換言すれば、国の役割は警鐘を鳴らすことに留め、地域が主導権を握れる状態で地方創生を再起動させないと、「地方創生」はまさにお題目だけで終わってしまう、との問題意識である。これがサブタイトル「地方創生から地域創生へ」に込めた思いである。

ところで、京都府立大学では、この「地域創生」の動きの前から「連続自治体特別企画セミナー（KPIセミナー）」を通じて、さまざまな「地域創生」の事例を紹介、また共有する場を設けてきた。その事例のどれ一つをとっても同じものはなく、まさに十人十色の「地域創生」のエッセンスが凝縮されていた。本書は紙幅の関係から限られた紹介にはなるが、それら事例の中で見えたエッセンスを、今後の「地域創生」のためのヒントとして改めて考察ならびに提示し、「地域創生」の重要性を社会に問うものである。

なお、本書では、事例紹介のほか、本学大学院生による地域おこし協力隊の実践報告、本センターがKPIセミナーとして実施した山田啓二京都府知事と増田寛也客員教授による講演と対談も集録した。こうした実践事例、日本の地方自治をリードする二人の講演と対談の中からも「地域創生」のエッセンスを感じて頂ければ幸いである。

ともあれ、本書が京都だけでなく、全国の自治体の「地域創生」、そして未来に対して何かしらのヒントを提供できれば望外の喜びである。

京都府立大学京都政策研究センター

第1部 地域創生と人口減少 (講演・対談編)

【講演】
人口減少社会における地方創生の戦略

山田 啓二（京都府知事）

1 社会における大きな転換点

本日は、地方創生についてお話しさせてもらいたいと思います。

今、社会全体が大きな転換点を迎えており、その一つが、人口減少・少子高齢化です。将来人口推計によると、このままのペースでいけば、2100年には約5200万人、さらに80年経つと約2000万人になり、2500年には約44万人、3000年には約1000人になるとされています。極端なことを言っているのではなく、現在の出生率・死亡率が続けばこうなっ

てしまうという数字的な裏付けがあるのです。日本は残念ながら、将来消滅するという死に至る病にかかっていると私は思っています。そして、認知症高齢者は、2012年に462万人だったものが、2025年には約700万人となり、高齢者の約5人に1人が認知症になると予測されています。

日本の場合は、東京一極集中がこれらを加速させています。どこの国でも首都に会社や人が集中するのではないかと思われがちですが、これは極めて日本的な病です。日本の場合、上位50社企業の本社所在地を見ると、東京に38社あります。約75％の企業が東京にあるわけです。アメリカも、ドイツもほとんど集中していません。

さらに、地域経済の疲弊があります。例えば、1人当たりの県民所得は、東京で442万3千円、沖縄は203万5千円と東京の半分以下です。さらに都道府県別の貧困率も、沖縄県が飛びぬけて高くなっています。単に基地だけの問題ではなく、多くの面において沖縄が日本の中で厳しい位置にあるという状況を踏まえて考えないと、沖縄問題は語れないと思います。まさに、こういう現実のもとで問題が起

講演する山田啓二京都府知事

きているということを皆さんには知っていただきたいと思います。このまま放っておくと、日本は死んでしまいます。この危機感を、私たちはしっかりと認識しなければなりません。

2 地方創生の動き

こうした状況の中で、国は地方創生を掲げ、地方における安定した雇用を創出する、地方への新しいひとの流れをつくる、若い世代の結婚・出産・子育ての希望をかなえる、時代に合った地域をつくり、安心なくらしを守るとともに、地域と地域を連携するという4つの大きな基本目標を立てました。しかし、これらの目標を達成するには多くの課題が立ちはだかっています。

ある調査では、大学生の4割超が大手企業への就職を希望しており、とりわけ関西・関東の国公立校男子では6割以上となっています。一方、京都では、9月時点のハローワークにおける新規求人状況は、従業員数300人未満の企業が2万1506人であるのに対して、300人以上の企業では、745人しかないという現実があります。少子化の問題では、晩婚晩産化や出生数の減少がどんどん進んでおり、初婚年齢は男女ともに30歳前後となり、20歳代で結婚する男性は約4分の1、女性でも3～4割となっているのが現実です。

こうした課題の背景には、社会の構造変化があります。まず、若年層に多い不本意非正規雇用をはじめとする格差の拡大があります。ただ、私は非正規雇用というものが必ずしも悪いわけではないと思っています。ユニセフの先進国における子どもの幸福度調査において、子どもたちが

3 新しい地方創生の価値観

世界で一番幸せな国とされたオランダでは、女性のパートタイム労働者の割合は約6割となっています。それは、同一労働同一賃金できちんと守られており、自分で自分の生き方を選択できる環境が整っているからです。日本の場合はその部分が欠落してしまっているのが問題なのです。ある調査では、結婚の形態についても、例えば仲人を立てた割合は著しく減っています。仲人を立てた割合が20年前には6割以上を占めていましたが、今では0・8%程度となり、首都圏で結婚の形態もまるで変わってきています。

また、インターネット販売は近年増加しており、国内の旅行業取扱状況を見ると、最近突然インターネット専業旅行会社が上位に入ってきています。インターネットによる「お取り寄せ」の台頭をはじめ、モノの売り方も変わってきており、ある日誰も知らないものが急に売れたりする時代になっているのです。

国際化の進展は言うまでもありません。訪日観光客数も急増しており、平成24年には800万人だったものが、平成25年には1000万人を超え、昨年は1300万人、今年は1900万人を超える勢いとなっています。これでは宿泊施設が足りるはずがありません。東京、富士山、京都、大阪という、いわゆる黄金ルートはほぼ飽和状態にあり、さらに国際化が進むとこれら以外の地方にもどんどん人がやって来るようになるのです。

こうした大きな構造変化が起きているのが今の日本の社会です。それが少子高齢化や東京一極集中の背景になっています。ずっと同じ状況、同じような時代が続いていてその中で生じている問題ではないのです。昔は結婚するのが当たり前でしたが、現在は3分の1から4分の1は結婚しないとも推計されています。都市への一極集中も、大手企業志向の中で起きている寄らば大樹の陰のような思考からきているものです。これらは明らかに、私たちの価値観の変化により引き起こされている問題です。

そこで、こうした状況の中で京都は地方創生にどう取り組んでいくのかということを、私たちは「文化創生」という言葉で表現しました。文化というと芸術などを想像しますが、そうではありません。文化というものは、私たちの価値観そのものなのです。戦前は、一定の価値観のもとに国をつくる、いわば価値観を押しつける行政でした。そして、戦後私たちの国は、個人の価値観を大切にする、つまり個人の価値観には立ち入らない行政を一貫して行ってきました。しかし、総理がおっしゃっている希望実現社会というのも、個人の価値観には踏み込まない社会です。こうした社会の構造変化という事態に直面してもなお、価値観の問題に触れないままでよいのでしょうか。

例えば、これまで日本の行政は、父、母、子ども2人からなる家庭を標準として想定してきました。その結果、公営住宅のほとんどが2DK・2LDKか3DK・3LDKになってしまいました。子どもがたくさんいる家庭では4DK・4LDKが必要ですが、公営住宅には2.5％しかなく、多子世帯向けの公営住宅がほとんど無いのです。たくさん子どもがいる方も狭い所に住

むしかありません。ところが今、この標準家庭は少数派となっています。一番多いのは1人の家庭であり、夫婦のみの家庭を合わせると半数を超えます。少子化対策として政策的に多子世帯を応援していかなければならないときに、このままでやっていけるでしょうか。価値観を排除して標準に合わせた行政を続けていてよいのでしょうか。実はこうした問題が我々に突きつけられているのです。価値観には立ち入らない行政でこの問題を打開できるでしょうか。がんばる地方を応援する、希望を実現できる社会をつくる、ということが本当にできるでしょうか。昔、婚活は行政が行うものではありませんでした。結婚は、個人の価値観が表れる最たるものであり、これに行政が入ることはあり得なかったのです。しかし、少子化の進展や未婚率の上昇などにより、こうも言っていられなくなり、京都府では今年、きょうと婚活応援センターをつくりました。これはまさに価値観に踏み込んだ行政です。このような形で新しい価値観を、文化をつくりだし、京都流の地域創生を進めていくこととしたのです。

　増田さんが、人口20万人以上の中心都市に都市機能を集中させるという地方中枢拠点都市圏を掲げられ、それによって人口の防波堤をつくるとおっしゃいました。しかし、人口20万人で集約してしまうと、太平洋ベルト地帯に集中して、日本海側には数カ所しかなくなってしまいます。つまり、現在栄えている地域をさらに栄えさせ、地域間格差をさらに増大させるだけになってしまうのです。確かに、20万都市はなく、一つ一つでは敵わないかもしれませんが、京丹後には10万人前後の都市が並んでいます。舞鶴には国際クルーズ船がどんどんやって来ており、福知山は鉄道の交差点として頑張っています。北部地域連携都

市圏として5市2町で力を合わせれば、30万の人口を有する地域となり、観光客や生産能力も引けをとりません。今年取り組んだ「海の京都博」も連携の成果の一つです。そのため、中枢拠点都市圏ではなく連携都市圏が重要ではないでしょうかと、都市一極集中に対する問題として提起してきました。

丹後では今年、農業公園「丹後あじわいの郷」をリニューアルした丹後王国「食のみやこ」がオープンしました。これは京都府の最近の地方創生の取組の中で一番うまくいったところだと思っています。丹後あじわいの郷は第三セクターとして作ったので、絶対に赤字を出さないよう、経営のリスクも含めて運営を丸ごと委託しました。その結果、丹後あじわいの郷は京都府に対して赤字を計上したことはありませんが、全国展開の商品ばかりを扱っていたため、地元のものが食べられず、だんだんとお客さんが入らなくなりました。そこで、地方創生の観点から、京都府北部の良いものをどんどん取り入れて一新することにしたのです。そのポイントの1点目は、北部の農産物や海産物を単に売るだけではなく、この場所をこれらの資源の6次産業化の拠点にするということです。2点目は、ここを丹後の農業における人づくりの中心にするというものです。加えて、大きなポイントとなったのが、これを京都の人だけではやらなかったということです。人材派遣会社を中心にして、京都の会社がジョイント方式で会社をつくり、まさに都市と田舎の協働関係をつくって取り組んだ結果、リニューアル後の入場客は前年の4倍にまで増えました。地方だけが頑張るのではなく、国と地方が、都市と地方が力を合わせてやっていくということが地方創生には必要となってくると示された例です。

三大学の教養教育共同化も協働のたまものです。小さな大学で教養教育はなかなか充実しません。京都府立大学も、京都府立医科大学も、京都工芸繊維大学も、一つ一つは小さな大学です。しかし、3つが集まると、人文系、工学系から生命科学まで幅広く備えることとなり、マンモス大学にも負けないものとなります。今まで、小さな大学として磨かれていた専門性を教養教育共同化施設で一つにまとめるという変化を起こしたのです。

最後になりますが、様々なものが集中する東京は、政治と経済の中心であり、すべての基盤に政治と経済があります。しかし、京都の基盤には文化というものが息づいています。近藤前文化庁長官は、京都にいるだけで文化の質が高まるとおっしゃいました。京都では、世界に誇る古典である源氏物語の千年紀事業を実施しました。その後、古典の日の法制化を京都から提案し、実現されました。さらに、オール京都で推進してきた和食の世界無形文化遺産登録の取組も実を結びました。そして今年は、琳派400年を京都から掲げています。これらは別に京都の文化行政ではありません。なぜ京都という一地域、人口260万人の中堅の地方公共団体でこんなことが出来ているのか、それを考えていただきたいのです。我々は何を発信していかなければならないのか、こうした問題も含めて、皆さんとともに地方創生の意味を考えていきたいと思っております。

ご清聴ありがとうございました。

【対談】地域創生と人口減少

山田　啓二（京都府知事）

増田　寛也（京都府立大学客員教授・元総務大臣）

増田：私の方からいくつか知事に質問し、答えてもらうという形で進めていきます。私が色々な所で人口減少の話なんかをすると、人口減少は悪いことなんですか、という質問をうけることがあるんです。京都府の場合、京都府としての人口減少と、その中でも知事の話にあった日本海に面している地域と京都市なんかでは、減少のスピードも違う。その中で、京都府として人口減少のこの数に関してはどのように思っておられますか。

知事：明治時代には、日本の人口は3000万人から5000万人ぐらいだったそうですので、人口が減って何が問題なのかという話もありますが、明治時代には65歳以上の高齢者は300万人ぐらいしかいないのです。今は総人口が1億2000万人で、そのうち3000万人ぐらいが高齢者です。当時とは構成が全く違うわけです。このことが私たちの社会に何をもたらすのか、目を見開いて考えていかなければならないと思います。福祉を充実させていかなければいけない、

第1部　地域創生と人口減少（講演・対談編）

雇用や給与を増やしていかなければいけない、生活を維持していかなければいけない。人口減少では、これらすべてが非常に困難となります。福祉というのは、まさに人材産業です。リーマンショックの時には問題とならずに、アベノミクスで景気が回復してきたときに浮かび上がってきた問題は何でしょうか。間違いなく人手不足です。福祉産業の有効求人倍率は今、大体3倍となっており、3人に1人しか充足できていません。福祉というものを諦めるのか、このままでは選択を迫られることになります。親の面倒は子どもが見るという選択肢をとるのか、それとももう一度、こす危険性を持っているのが少子高齢化ではないかと私は思っています。

また、現在、京都の農業者の平均年齢は68歳です。あと5年すればどうなるでしょうか。そういった問題をどう切り替えていくか。今日れ、田畑が荒れ、我々は本当に住み続けることが出来るのでしょうか。そういった問題を引き起の維持が難しくなる。社会が壊れるということです。大変難しい種々の問題を引き起こすのではないかと、知事の言ったその通りです。こういった問題をどう切り替えていくか。今日は、まちづくりの問題に関してお話を聞かせていただければと思います。

増田：ありがとうございます。ちょうど2100年に5000万人に人が減ってしまうんですが、ちょうど明治の終わりぐらいで、5000万人ぐらいで、知事がおっしゃったように高齢化率は5％でした。これから迎える高齢化率は40％。そうすると、知事がおっしゃったように地域

これからのまちづくりは、「選択と集中」を明確にして、20万人規模の都市を守っていくべきであると言っています。20万というのは日本海側がほとんど入らなくておかしいじゃないかというう先ほどのお話なんですが、その通りなんです。正直な話最初30万を考えてた。そうすると余計

対談中の知事（左）と増田教授（右）

知事さんの思いとは逆方向に行っちゃうんです。

知事：関西では30万になると姫路市だけになってしまいます。

増田：よくご存じですね。なぜ20万にしたかというと、県庁所在地だけはやっぱり引き止めておかなければいけない。そうすると61都市になる。40万人以上だと自立できると思うんですが、そうすると24〜25都市なんですよ。ただ誤解なきように申し上げておきたいのは、一方でこれは都市のサービス産業だとか、それに付随する産業だとかそういうものを見たときの話で、農村部、特に岩手のような中山間を主体としているところは全く別で、小さな拠点を初めて全国で1000という目標を言いました。すべての集落の維持は難しいけれども、旧集落を中心にそういう所はきちんと残していくということです。北部連携都市のお話もありましたが、こういった構想の中に大学も残して、しっかりと、強くさせていけばものすごく可能性がでてくると思いますので期待感はすごく大きいで

す。知事このことについてもう少し詳しくお願いできますか。

知事：例えば、京都府北部において、「海の京都」の取組を実施しています。北部地域全体を「海の京都」というテーマでまとめて、今年は「海の京都博」を開催するなど、地域全体を観光経営で活性化させようとするものです。

この地域は観光だけではなく様々な産業があり、港があり、丹後ちりめんのような伝統品もある。都市は無いけれども、こういうものを連携させて個性のある圏域をつくっていけば、都市に負けない魅力ある地域となるのではないかと思っています。

増田：首長同士が綿密に話をして、勉強して、役割分担をすれば十分にやっていける。その中には大学も含まれているわけですね。

では、最後に若い学生さんもたくさん来ているので知事の方から激励の言葉をお願いします。

知事：京都府の地方創生について文化創生という言葉を使いましたが、若い人たちには、社会の構造的な変化に対応した新しい価値観をつくっていかなければ今の社会が破綻するという危機感を持って、どういう日本をつくっていくのかという思いを持ってもらわないといけないと思います。そしてそれには強い意志が必要になってくると思います。来年からいよいよ選挙権も18歳以上となります。ここにいる若い人が、次の時代を作り上げていく主役にならなくてはいけません。皆さんには、ぜひとも新しい地域の創生に向かって、頑張っていただきたいと思います。

増田：知事、今日はどうもありがとうございました。

【講演】
人口減少問題と地方自治体〜東京一局集中からの脱却〜

増田　寛也（京都府立大学客員教授・元総務大臣）

1　人口減少の現実

　改めまして増田です。人口減少という、これは一つの事象ですが、この動きについてどう立ち向かうかということについてお話をしたいと思います。
　人口減少に関しては、何故起こるのか、ということをきちんと理解していただくことが大事です。平たく言うと子供がなかなか生まれない。その理由をきちんと問うていかなければいけないわけです。価値観の変化が起こってきているのではないか、と言う人がいますが、確かに価値観が昔と変わってきています。昔は、岩手の山間部にいくと10人兄弟したけど、今はそんな人ほとんどいません。最近生まれてくる子どもは一人、多くても二人ぐらいです。それは残念ながら、子どもをたくさん持つことが負担に感じられる、というような社会に切り替わってきてしまった。また、医療水準が進歩して、子どもをたくさん産まなくてもしっ

かりと育っていくようになった。それから知事も強調されていましたけれども、生まれて途中まで地域で育てても都市部に出て行ってしまう。それが今は東京に非常に多く集まっている。もちろん東京に行っても、東京でいっぱい子どもを産んでくれれば問題はないんです。地域的な偏りがあるにせよ日本という国全体では問題はないんですが、どうも東京に行くと少子化対策の成果が出ていなくて、東京に行けばいくほど人口が減ってしまう。この二つが問題となっています。

データを先にみておこうと思うんですが、2010年の国勢調査の数字だと京都府の総人口は約263万人ぐらい。それがこれからの予測だと下がりっぱなし。

ただ問題は高齢者がどれだけ増えていくかということです。総人口が減る中で、0～14歳の年少人口がどう推移するか、日本の場合には増えていく地域はほとんどありませんので大体減るんです。2040年には現在の3分の2ぐらいに減ってしまう。医療介護が本当にこれで持つのかということが気になります。他にも、細かく年齢別に見たときに、見えてくる事象に対して行政がどうやって対応していくか、ということを考えていくことが重要です。

増田寛也客員教授

昨年『地方消滅』という本を出しました。日本全体の数字はなかなかピンとこないと思いますが、2015年で1億2600万人ちょっとぐらいまで減っていますが、この先もどんどん減っていきます。日本は移民を受け入れている国ではないので、出生率の動向を見れば、将来推計人口がほぼ分かる。移民を受け入れているヨーロッパでは、移民をどれだけ受け入れたかで将来推計人口はガラッと変わります。そういったことが無いという日本で、2100年には5000万人を切ってしまう。2100年というのはものすごく先のような気がしますが、今年生まれた子どもたち、特に女性の平均年齢は87歳ですから、普通に生きれば2100年までは存命です。そんなに遠いということはなくて、2100年の日本の状況や変化を身をもって体験する人はもう生まれているわけです。ですから、この問題をしっかりと考えておくことが必要です。でも、国全体のこういう数字ってピンとこないですよね。少なくとも何か体感するためには日本では、市町村単位の数字が出ないと想像できない。したがってこれを市町村ごとに明らかにしたのが、『地方消滅』という本です。

2　出生数改善に向けて

日本全体で、子どもが生まれにくくなっているというのは先ほど言ったんですが、どれぐらい生まれにくくなっているのか。団塊世代、この世代の人がみんな65歳を超えましたが、一年間で270万人ぐらいいました。そしてこの子供たちが団塊ジュニア、ここが昨年みんな40歳を超え

て、出産というのはこの世代からなかなか生まれにくくなっています。今出産している親は大体30〜40歳ぐらいで、このぐらいの世代から生まれてくる子供たちが昨年100万人ぐらい。出生率は2005年に1・26になってしまいました。人口を維持するためには2・07が必要なのですが、2005年に1・26まで下がったんです。要は平均一人強ぐらいしか出産しないというお母さんが多くなって、そもそも結婚しないという人もいらっしゃるわけですから、この数字になった。その後少子化担当大臣を置いたりして、少子化対策を強化して出生率は上がってきた。ただ出生数は減っている、というのは親の数が年々減っているからということです。出生率が上がったといわれてもピンとこないというのは、こういうことです。東京に若い人たちが行ってしまうと日本全体の出生数を押し下げていると、そういう理由で東京一極集中はいけないんですと言っているんですが、最近反論を受けていて、北海道はどうだと。北海道も出生率は京都と変わらないくらい1・27と低いんです。地方で生まれて育って地元で働いていければいいのかどうかというと東京に行ったんでは子育て環境も劣悪で出生数が減少するということは、一般論としては言えるんですが、では北海道はどうなのと聞かれると、足元がぐらついてくるんですね。本来であれば北海道は職住近接など、データでみると子育て環境がもっといいはずなのに、なかなかそうなっていない。経済的な問題があるんじゃないですかと、稼ぎが低いからじゃないですかと言われることもあるんですが、出生率が高い上位30位の市町村は、沖縄が多いんですが、他は九州なんです。トップは鹿児島の徳之島の伊仙町というところなんですが、2・81という驚くべき高さです。しかも上位30は決して経済的には豊かではない。都市部などで出産を控えるというのは所

得が低いから、あるいは非正規雇用で雇用が不安定だからです。年収300万円ぐらいが境なんですが、独身の人が結婚を控えたり、所帯を持ったとしても500万円ぐらいをラインとしてそれ以下だと出産を控えるということが起こってます。こういったところには所得がきいてきているんですが、多産というところには所得があまり関係が無い。子は社会の宝として地域みんなで育てていこうという仕組みとか、意識が高いところが出生率が高い。島が多いんですが、子どもを産まなければ島が滅びてしまうという意識もすごく強いんです。こういったことから必ずしも所得ではないということです。もっと違うところ、保育所の数や通勤時間、多子世帯向けの公営住宅の数などを考えないといけないんです。東京だけが積み重なっています。転入超過数に関しても、最近では大阪、名古屋は全然増えずで、東京圏は昨年11万人超過していたんですが、今年は9月末で11万人を超えました。最終的には13万人ぐらいの転入超過になると思います。その時の年齢層が15〜19、20〜24という年齢に集中しています。これは大学進学か就職のときに転入してくるということです。東京一極集中というのは、知事も話してましたが、世界的に見て非常に特殊なケース。ヨーロッパは首都人口の比重率を、戦後むしろ減らしています。

3　国の取組

　少子化対策は間違いなく国が責任をもって取り組むべき政策です。国がこの問題にどうやって取り組んでいくのか、本当にその責任が問われます。

私は対策として一番大事なのは、働き方、ここを見直していくことだと思います。我が国の労働力人口は減っていきますが、どのくらいの数なのか。我が国の労働力人口は2013年に大体6600万人でした。この年の総人口が1億2700万人ぐらいでしたから、総人口の半分すこし超えるぐらいが労働力人口です。これが2030年には900万人ぐらい減ってしまって5700万人ぐらいになってしまいます。ですからあらゆる産業で、驚くほど人手が不足する。

そうすると、二つのやり方があって一つは、IOTやロボットなどにより人手に頼らなくてもできるところを、技術を進めていくことでカバーしていこうということです。これは今までもずっと行われてきたことで、自動車の組み立て工場のオート化技術の入れ方はこういった流れに乗っているということです。これは見方を変えれば、人口が減ってくる中で生産性が上がってプラスに働くと思います。人口が減っていることを必ずしも全部マイナスに考えるんではなくて、プラスの面もあるということです。ただ、今起こっている人口減少のスピードというのはIOT、ICT、ロボットでカバーできる部分よりも激しい、スピードの速いものではないでしょうか。と

いうのは、2060年には日本の労働力人口として3800万人ぐらいに減ってしまいますので、こういうことに産業として耐えられるかどうか、産業を支えるという意味でも少子化対策は非常に大事になってくるのではないでしょうか。少し試算をしてみると、今の労働力人口の減り方だと、経済成長は下手すると中長期的にはマイナス成長、今は生産性が日本全体で失われていますので、せいぜい楽観的に見ても0・5〜1％ぐらいの成長力しかない。そうすると政府はGDP名目3％実質2％成長で財政計画を設計しているので、全部破綻するんではないでしょうか。

もう一つは、日本に移民を入れて、労働力不足をそういったやり方で解消していったらどうかという話で、かつてヨーロッパではアフリカを中心に移民を入れました。現在の難民もドイツを中心に押し寄せていくというのもその延長線の流れかと思います。

　それにしてもここで考えておかなければならないのは、女性というのが我が国で本当に活躍できているんだろうか、さらには若い男女が社会で働く環境が厳しいから子どもが生まれないとなっているときに、本当はこういった問題を解決しよう、という風になっているのかどうかです。女性のM字カーブというのがあって、日本の女性というのは25～30歳というところで一回就業率が下がってしまう。なぜこんな風になってしまうのか。結婚子育て家事と仕事を両立できないということで、やむを得ず退職を迫られる。復職しようとすると非正規雇用で前よりも劣悪な環境で働かざるを得なくなる。退職して非正規雇用で復職した場合と、正規雇用で働き続けた場合に生涯賃金で大きく差が出てくる。このようなことで退職するのが損だと考えるとますます子どもを産むという選択が無くなってきます。やらなければならないのはM字カーブを解消して、結婚出産子育て家事と仕事を両立できるように、ワークライフバランスを確立させるということが一つです。また、日本は長時間労働の割合が非常に高いんです。それと、平日の夫の家事育児時間がたったの1時間。北欧は3時間半ぐらいですよ。日本でもお子さん3人4人という家庭がおられるんですが、その世帯はこの夫の家事育児時間が非常に長い。ですから、ここが長ければ長いほど多産につながっていくということです。要は働き方です。

日本は婚外子の割合が非常に低く、結婚ということが出生数に結びつくという国です。結婚するかどうかはデリケートな問題ですがそういう話です。フランスをはじめとしたOECD加盟国は婚外子の割合が非常に高くなっていて、結婚と出産とが必ずしも結びついているわけではない。こうした国はそういう婚姻制度の中で社会が出来ているということです。今回の人口減少ということから出てくるのは、地方の中山間地域で人口が急激に減っていくわけですから、全部の集落を残すのは難しい。人口が増えたときに山奥まで道路をはじめとして公共施設を整備しましたが、それを今まで通り維持するというのは難しいんです。ただ、中心の集落に生活関連機能を集めて、多機能拠点のような形にして、全体の生活の維持向上を図るということは必要であって、それぞれの地域について街づくりのあり方について考えが求められるということです。今まで岩盤のように変えられなかった、男性中心で若い人たちをとにかく長時間働かせて、むしろ賃金とか労働時間をより過酷にしていくことで何とか持ちこたえてきたそういう構造をどうやって切り替えられるか。ここが今回の問題で、実は一番大事な点ではないかと私は思います。知の拠点と言いますか、地方大学をどうやって残すかということもものすごく大事です。大学をどうやって残すかということもものすごく大事です。地方大学を強化することが地域の産業を考える、地域の在り方を考えるときにすごく大事になると思います。

第2部 地域創生の最前線（事例編）

事例1 早川町（山梨県）──「まんのうがん」の邑づくりに果たす「シンクタンク」の役割─

小沢 修司（京都府立大学 副学長／公共政策学部 教授）

1 はじめに

早川町は山梨県の南西部に位置し、南アルプスの山々に囲まれ富士川の支流である早川に沿って36集落が点在する。面積が約370平方キロメートルに及ぶ広大な山間地域に所在している。かつての昭和の大合併のときに6つの村が合併し昭和31年に誕生した。水力発電ダムの建設にともなう工事従事者による人口増もあり一時は1万人を数える人口を有していたが、その後人口は減少の一途を辿り平成28年2月1日現在で1116人となってしまっている。高齢化率は47％を超えている。

そうした「日本一小さい町」の早川町であるが、筆者はこの早川町を過去3度訪れている。最初は平成16年の夏にゼミの学生たちと地域調査に訪れた。2度目は平成23年に京都政策研究センターの調査として、そして3度目は昨年（平成27年の秋）に本書の執筆を控えての追加調査として訪れているが、訪れる度に人口が約1700人から1300人、そして1100人へと少なくなっている、まさに人口減少が著しい町である。

さて、この早川町には人口が少なくなってきているとはいえ誇り高く元気に地域づくりに取り組む仕掛けがある。町が平成8年に設立した日本上流文化圏研究所（以下、「研究所」と記す）がそれである。「日本一小さな町」がシンクタンクを作り未来志向の地域づくりを行っているのである。地域創生最前線として早川町の事例を取り上げる。

2 「まんのうがん」の邑づくりとシンクタンクの設立

「まんのうがん（万能丸）」とはこの地方の方言で、仕事や暮らしに関わる多様な能力を持った人、「万能の人」を意味する。平成16年に初めて学生たちと早川町を調査のために訪れたが、その調査報告書のタイトルを『まんのうがん」の邑づくり〜山梨県早川町の挑戦〜』とした。「まんのうがん」という言葉には早川町における地域づくりの精神が雄弁に語られていると思い、誇り高い早川の人たちに敬意を表する意味で学生たちとネーミングさせていただいたことをはっきりと覚えている。では、なぜ「まんのうがん」の邑づくりなのか？

先にも触れたが早川町は、昭和31年に旧の西山村、三里村、都川村、硯島村、五箇村、本建村

の6村が合併してできた町であったが、平成の大合併時には市町村合併に関する全町民アンケートの結果を踏まえ、辻町長は「地域が抱えている問題の解決は、合併によってむしろ遠のく」との考えを示し、行政、議会、そして町民の意向として合併ではなく単独存続の道を選択した。その背景には、かつての合併の後、当初は旧村意識を捨てて一体となって町づくりを進めようとした時期があったというが、北の西山から南の硯島や本建まで車で2時間もかかるという広さのなかきめ細かな行政もできず、途中で旧村一拠点の政策に方針を変更してきたという経過があった。こうした「旧村単位の地域づくり」は、それぞれの地域に見合った「自治」組織やそのエネルギーを活用する、まさに住民一人ひとりの力を引き出しながら自治の力によって「町おこし」を行っていく、そこに古くから地元で用いられてきた「まんのうがん」の邑づくりの姿を見る。

ところで、研究所の設立にあたって、町は平成6年に策定した『早川町新長期総合計画・早川・22世紀計画』の中で「日本・上流文化圏構想」を示した。「上流文化圏構想」に込められた想いは次のようであった。かつて人間の暮らしは水が湧き出る、山と森に囲まれた上流にあったが、農業によって中流へ工業発展により下流へと移りかわり、人間の活動の源泉であった上流は廃れ下流が創り上げた文明の論理によって上流が飲み込まれていった。だが環境破壊・汚染、資源の枯渇、浪費的な生活の弊害に人々は気付き上流の価値が見直されはじめる。そこで、「上流圏・早川に住む私たちは、山と水とを守り続けた先人に学び、自然とともに生き、資源を大切にし、真に人間らしく暮らすことができる地域の創造へといち早く出発しようと思います。私たちの目標は、中流・下流の都市と役割を分担しながら、将

来にわたって人間が生き続けるための、自然と共生できる新しい文明を構築し、そして上流としての文化を創出することです。」と高らかに宣言し、シンボル施策として研究所が打ち出された。

平成8年に役場内の組織として設立された研究所は、平成18年にNPO法人となって現在に至っている。役員は定款上5名以上の理事と監事が置かれることになっているが、現在の理事は19名、正会員（社員）は約60名、事務局は10名（非常勤の理事長のほか常勤職員5名、バイト2名、地域おこし協力隊2名）で構成されている。研究所の年間予算は約4000万円でその6割ほどは町からの委託事業となっている。

3 「やまなしライフ体験事業」に見る空き家の掘り起こし、移住推進と研究所の役割

研究所が町から委託を受け実施している事業に移住相談事業（お試し暮らし）がある。現在の研究所の活動の一端を伝えるために、この事業を紹介する。

早川町の人口減少が著しいことについては先に述べた通りである。人口減少が進み増え続ける空き家の管理や有効活用に多くの地域・自治体は悩みを抱えている。他方で、農山村での暮らしを希望する都会の人々がいるのも確かである。ではそれらをどうマッチングするのか。研究所では、町への移住希望者の相談対応や、移住希望者が数ヶ月仮住まいし田舎暮らしのいろはを学ぶお試し暮らし施設の運営を、早川町から委託を受けて実施してきた。

町が空き家対策に取り組むきっかけは平成16年に研究所の学生研究員が実施した空き家の研究であった。学生研究員は早川町全域の空き家の実態調査を行い、町の総住宅数1124戸に対し

422戸の空き家が確認できた（空き家率37・5％）と報告した。当時の山梨県の空き家率は14・8％であった。報告を受けた町や町民は、身近に空き家が増加していることは認識してはいたもののかくも高い数字が突きつけられると放置もできなくなる。県の補助事業を活用して空き家を改修し「移住者体験家屋」を始めた。そしてその後、平成24年度から「やまなしライフ体験事業」の実施となった。平成28年度からは「移住定住促進事業」に名称が変更される。

空き家があっても所有者（家主）や受け入れる集落の理解が進まないことが障害となる。取組を始めた当初は研究所が家主と直接交渉していたこともあったというが、トラブルや苦情が研究所に寄せられることもあり、現在では受け入れる集落の合意形成を得ることから始めるスキームが確立している。研究所が集落毎に説明会を開催し地域住民の移住者を受け入れる心構えを確にし合意形成を行った後、住民が家主と交渉する。もちろん、人間関係で集落の人間が直接交渉するのが難しいときは研究所が交渉する。

その後の移住までの流れは、移住希望者には町でのイベントへの参加、集落や家主の見学の他、希望する集落のお祭りや共同作業への参加、家主との賃貸契約などとなり、移住後も各種相談、消防団等の地域団体の紹介などサポート期間を3ヶ月設けるなど、研究所は集落と移住者をつなぎ、家主と移住者をつなぐ媒介者の役割を担っている。

このような研究所の取組とともに、早川北小学校にある児童・家族・地域コミュニティを応援する地域住民有志組織「北っこ応援団」の活動も移住者の受け入れに貢献している。この住民有志組織には移住者自身も含まれている。つまり、移住者の目線で町での暮らしに対する移住者の

不安を解消するためのサポートが行えている。

ところで、早川北小学校は平成24年3月末には児童数が4人にまで減少し廃校の危機に陥った。こうした中、町は平成24年度から給食費、校外活動にかかる費用、ドリルやテストなどの教材費など年間約8万円を全額負担するという「義務教育費の無償化」をスタートさせ、山村留学も活用して、「北っこ応援団」や研究所、地元の集落も移住者の確保に精を出した。そして、20人台まで生徒数を増加させて廃校を回避したという。このような地域住民、地縁組織、行政、研究所の連携した取組により利用可能な空き家件数を19件確保し、子育て世代を中心に30世帯、96人の移住が実現している。早川町の人口の約8％を占める数字である。[6]

4 研究所活動の活力

ところで、地域住民の自治、活力に依拠した「まんのうがん」の邑づくりに果たす研究所の役割を考えたとき、特筆すべきは外部人材の活用にあった。

研究所の設立以来、町は学生インターンを積極的に受け入れ、学生研究員助成制度により早川をフィールドに卒論や修論を書く学生（院生）に研究助成費を支給してきた。「2000人のホームページ」という住民の方々のライフストーリーや生活の知恵・技を聞き取りインターネットで町民全員を紹介しようという取組は、住民自身が気付けていない地域資源や固有な価値を掘り起こし早川へのアイデンティティを思い起こす取組としてきわめて大きな意義を持つものであるが、学生インターンや学生研究員の力がなくては実施できなかった取組である。その他、先に紹

介した空き家調査を含め、早川をフィールドとした学生たちの調査・研究活動は上流圏の暮らしや文化を再発見しその価値に早川の人たちが気付くことを後押ししていくうえで大きな力を発揮してきた。平成16年夏に指導するゼミの学生たちと訪れた研究所はそうした学生の活気に溢れていた。早川で「学んだ」学生たちの中には卒業後もリピーターで訪れるものも多く、中には現在の事務局長をはじめ早川と縁がなくても移住して研究所活動を担う者も出てきていた。

学生研究員助成制度は平成24年度をもって休止しており、研究所にはかつての学生たちのにぎわいは感じられないようだ。研究所が地域に奥深く入り込み住民の自治、活力を黒子として支援していく役割が大きくなっている状況において、外部人材としての学生たちを受け入れ地域住民との調整に傾注することに力を割くことはなかなか難しいことである。事務局の担い手も学生たちを当てにせずとも地域おこし協力隊など社会人経験やスキルのある若者で確保できてきているとも聞く。そういう意味では、学生の力に依拠した研究所から地域に根付いた研究所へとステージが変化してきているように感じた。

この他、現在、研究所が取り組んでいる事業に「集落サポート事業」がある。空き家を活用した移住者受け入れの取組もその一環である。この「集落サポート事業」は平成20年度から取り組まれている。モデル集落を公募し具体的なサポートに入った平成22年度からは、集落が抱える課題を住民自身が話し合いニーズや解決策を模索することを重視しており、研究所はその手伝いの役を担っている。

また、研究所設立の比較的早い時期から取り組まれているのが「あなたのやる気応援事業」で

ある。平成14年度から始まっている。住民から地域資源を活かした商品開発や起業のアイデアを募集し活動資金を助成する。この事業の資金は、町外の個人から早川のまちづくりを応援してもらおうと作られた「早川サポーターズクラブ」から出されている。サポーターズクラブには早川町の物産が年3回送られてくる物産会員と一般会員があり、平成26年度の会員は両方合わせて185人がいる。さらには、先に触れた山村留学へのサポート（平成24年度から）、早川こどもクラブの開催（平成26年度から）も行っている。

5 おわりに

学生という外部人材の力に依拠して上流圏に暮らす早川の人たちの地域へのアイデンティティや誇り高い生き方を応援するシンクタンクの役割から、地域に根ざし地域の奥深いところに入り込んで「山の暮らしを守る」シンクタンクへと研究所の活動のステージは変化してきている。地域が求める外部人材の質に変化が見られるともいえる。生き物である地域に寄り添いながら研究所の挑戦は続く。

事例1　早川町（山梨県）　34

1　京都府立大学福祉社会学部（公共政策学部の前身）の3回生ゼミ（専門演習Ⅰ「福祉社会と財政」）の学生たち。

2　この他、平成24年には京都政策研究センターの連続自治体特別企画セミナー「日本一小さな町のシンクタンクが地域の未来を拓く」を開催した際、研究所の鞍打事務局長に報告者として来ていただいた。

3　宮川裕二「市町村合併に関する早川町の考え」で示した自主独立のまちづくり』『住民と自治』第470号、平成14年、ならびに早川町『早川町新長期総合計画（第2次計画）』平成16年を参考にした。

4　早川町『早川町新長期総合計画：早川22世紀計画』平成6年。

5　山梨県早川町「やまなしライフ体験事業」地域活性化センター『平成27年度地域活性化事例集「空き家・空き店舗への特色ある対応」』平成28年1月所収。なお、移住・交流推進機構が実施した同機構市町村会員を対象とした「移住体験施設についてのアンケート調査結果の概要について（速報）」（平成27年10月時点）によると、移住体験施設を有している市町村は28％。お試し暮らし施設の運営は平成26年度で終了している。

6　以上は、前掲「やまなしライフ体験事業」ならびに早川町・研究所のHPによる。

事例2 真庭市（岡山県） ―真庭ライフスタイルの実現―地域内循環による自立した地域経営―

菱木　智一（京都府立大学　公共政策学部　准教授）

放置されていた廃材をエネルギーに転換し、新たな産業と雇用を創出する。その利益で山を保全し里を活性化させる。この循環の中で、人は安心して豊かな生活を送ることができる。そういう生活をつくりだしている市が、真庭市である。

1　バイオマスの歴史

真庭市は岡山県北部の山間地にあり、平成17年の平成の大合併で9町村が合併してできた市で、人口は約4万8千人程（平成27年3月現在）と県人口の2.5％程を占めるにすぎませんが、その面積は県内一（約11.6％を占める）で、香川県の半分ほどの広さがある。

真庭市は、藻谷浩介氏が『里山資本主義』の実践地として取り上げたこともあり、今ではバイオマスタウンとして全国レベルの知名度を誇っているが、その源流は平成の初めごろに遡る。市周辺南北をつなぐ高速道路開通により、人口の流出や産業の衰退に危機感を抱いた地元の若手経

営者等が集まり、平成5年に「21世紀の真庭塾」を立ち上げたのが始まりである。市内の森林面積が約79％と、森林資源が豊富なことから歴史的に木材業が主流としてあり（木材関連産業の取引額は、市内全産業の約4分の1を占める）、「美作材」で知られた林業関連産業の集積地である。そのため市内に、原木の生産から製材、製品市場までが市内にそろっていたことで、木質バイオマス産業を中心に循環型の地域社会を創造するのにふさわしい基盤を持っていたといえる。

そこで、まずはこれまで放置されていた年間約7万8千トンも発生していた木質バイオマス副産物（製材時に発生する製材くずや廃材など）の有効利用に取組、林業・木材産業を中心に産業連携を築き、地域コミュニティを再生するという「木質資源活用クラスター構想」を策定した。

ボイラー等の燃料となるペレット

市もこうした動きを支援する形で参画し、積極的にバックアップを始めた。象徴的なこととして、市はバイオマスの利活用推進や産官学の連携のために、林業・バイオマス産業課という専門部署を設けている。また、平成25年の庁舎新設に際して冷暖房用にバイオマスボイラーを導入しその啓発普及にも努めるとともに、新技術として地元企業が利用拡大に取り組んでいるCLT（Cross Laminated Timber ＝直交集成板：繊維方向が層ごとに直交するように重ねて接着した積層板で、強度・断熱・耐火・遮音に優れる。新しい木質構造用材料として、欧米では急速に利用が広がっている）を市庁舎前のバス待合所に使用し

第2部 地域創生の最前線（事例編）

たり、庁舎入口に地元産材を利用することで地場産業のPRに役立てるという取組を行っている。

さらに、平成18年には木質副産物だけではなく家畜排せつ物や食品廃棄物も活用し、バイオマス産業の活性化や地域コミュニティの活性化、循環型社会の形成に加えて温室効果ガスの排出量削減の観点も加味して「バイオマスタウン構想」を策定し、国からの認定を受けました。

そして、平成24年に電気事業者による再生可能エネルギー電気の固定価格買取制度が導入されたことも追い風となって、平成27年4月、地元の素材生産業者や製材所などの林業・木材関連業者及び市も加えた9団体の出資する「真庭バイオマス発電株式会社」が主体となり、発電能力1万kWのバイオマス発電所を稼働させた。2万2000世帯分の電力需要に対応（市内は約1万7千世帯）できる規模である。（残念ながら、一般世帯への供給はまだ許されていないが）

こうして市のバイオマスの取組は新たなステージへと進み、市が理想とする地域内循環の実現に向けて大きな一歩を歩み出している。

2 広がりを生み出すバイオマス

こうしたバイオマスの取組は、林業関係の地元企業の収益拡大や新たな雇用創出という地域産業の活性化にとどまらず、まちづくりへも進化しつつある。

まずは、これまで放置されていた未利用木材をバイオマス資源へと転換できたことにより、林業の活性化及び山村再生につながり、山元への利益還元を通じて、森や里山を守り育てることができるようになった。

このことによって、森林資源を計画的に植林、育成、利用できるようになり、地球温暖化に影響しないカーボンニュートラル（木などの燃焼により発生するCO2と、木が成長過程で光合成により吸収するCO2量が同じと見做し、植物由来の資源は地球温暖化に影響しないという考え方）な社会の構築を考えられるようになった。

これらの様々な取組と、地球温暖化が話題になったことから『バイオマス』という言葉が一般に浸透し始め、全国からの視察が増えたため、市ではこれを「顔の見える産業観光」のコンセプトでツアー化し、「バイオマスツアー真庭」を始めたが、その後も参加者が増え続けたため、発想を転換し、運営主体を真庭観光連盟に移し、これを観光事業とした。

真庭市の観光資源としては、もともと蒜山高原と湯原温泉が全国的な知名度があったが、バイオマスの取組を新たな観光資源ととらえ、連子格子と白壁の勝山町並み保存地区の見学と組み合わせるなど新たな観光コースとして企画、販売している。こうして、観光業界や農畜産業へも波及させている。

また、市民に対しての講座や研修会・観察会、子供への体験学習や授業・実験などの環境学習を通じて、バイオマスへの市民の理解を深め、「バイオマスタウン真庭」の未来に向けての人材育成にも取り組んでいる。

3 未来への課題

市では、金銭では計れない循環型社会での『真庭』の価値をベースとした豊かな生活を「真庭

ライフスタイル（多彩な真庭の豊かな生活）」と定義し、平成27年に策定した第2次真庭市総合計画で提案している。

その総合計画の策定にあたっては、公募した市民によるワークショップで提言書『山中八咲』をまとめた（坂本竜馬が幕末に幕府への提言書を『船中八策』としてまとめた故事にかけたもの）。その際、総合計画の描く25年後の真庭で担い手の中心、主人公となる高校生がメンバーの半数を占めた。このように市では、市民一人一人が自ら考え、他人事ではなく自分事として未来を考えるよう取り組んでいる。そうした中から地域経営人財が一人でも多く輩出することを願いながら。

また、市内のバイオマスエネルギーの自給率は平成24年度には11・6％であったが、発電所の稼働により約40％に達している。これにより、木材の生産に伴って生じる、未利用木材（間伐材・林地残材など）や製材端材などを木質資源としてチップ化し、発電に利用するという最終消費までの地域資源循環サイクルがひととおり揃ったわけだが、バイオマス発電は、太陽光や風力、地熱などの他の再生エネルギー発電と異なり、燃料となる木質資源が必要（年間約6万トン）であり、その安定的な供給の確保が最大の課題となる。そのためには、間伐材の収集・供給の仕組みがしっかり機能することが不可欠である。集積基地を設置し、近隣の山林所有者や製材工場からの間伐材・林地残材や端材等の未利用資源を収集し、チップなどに加工してボイラー用としての販売を行ってきた体制や実績をもとに、バイオマス発電の燃料を地域連携により確保しようとしているわけだが、真庭が20年以上にわたって作り上げてきた、地域内循環をより安定した確実なものへさらに磨きあげていく努力が求められる。

さらに、これまで市は危機感をもって民間事業者の動きをサポート役に徹して支えてきました。これからもこうした民間業者との信頼関係を大切にしながら、地域の資源を守り育てながら活用することで地域循環を生み出し、地域を活性化するというモデル実現へ向けての取組が注目されている。

付記　本稿は筆者の個人的な見解に基づくものであり、ここで取り上げた自治体の公式見解ではありません。

【参考文献・資料】

藻谷浩介　NHK広島取材班『里山資本主義』角川書店　2013

山下祐介『地方消滅の罠』筑摩書房　2014

㈱富士通総研公共事業部『政策研究』2015　1月号　p10

真庭市総合政策部総合政策課「第2次真庭市総合計画」2014　3月

一般社団法人真庭観光連盟「バイオマスタウン真庭ツアーガイダンス」2013

一般社団法人真庭観光連盟「バイオマスツアー真庭見学先紹介」2013

事例3 氷見市（富山県）
――市民のつぶやきをかたちにするフューチャーセンター――

杉岡 秀紀（京都府立大学 公共政策学部 講師）

1 はじめに

氷見市は富山県の西北、能登半島の東側付け根部分に位置し、人口4万9830人（平成28年1月1日現在）のまちである。寒ブリはもとより、氷見うどんや氷見牛、氷見いわし、氷見カレーなどの多くの特産物が多くの人を魅了する食の町としての顔を持つ。さらに近年は、世界で最も美しい湾クラブに加盟したり、日本海の漁師の息づかいを体感できるひみ漁業交流館「魚々座」がオープンするなど海のまちでもある。また、日本を代表する漫画家である藤子不二雄Ⓐ氏の出身地でもあることから漫画のまちでもある。

しかし、本稿で注目したいキーワードはファシリテーター市長とフューチャーセンター（以下、ｆｃ）この2つである。というのもｆｃの定義などは後述するが、氷見市は日本で初めてｆｃの機能を備えた行政として今最も注目される自治体であり、年間3000人を越える視察者が訪れるまちとなっているからである。その仕掛け人であり、氷見市役所を束ねるのが、本川祐治郎市

長。本川は前職がプロのファシリテーターということもあり、ファシリテーターが市長になったことでも注目を集めた。以下では、本川の言葉や考え方を中心に、氷見の事例から地域創生のエッセンスを抽出する。

2 フューチャーセンターとは何か

ｆｃは1990年代に欧州で発祥し、現在多くの政府や企業に設置されている「多様な人が集まり、良い対話をするための専用空間」のことである。わが国では富士ゼロックスが平成12年に「ＫＤＩ（知識経営コンサルティングチーム）」を創設したのが嚆矢とされる。以来、コクヨや東京海上日動システムズなどの企業、近年は自治体、大学、ＮＰＯなど、セクターを越えて広がっている。また、平成24年には「フューチャーセンター研究会」が発足し、全国的なｆｃのネットワークが構築された。なお、ｆｃという用語はＫＩＲＯ株式会社により商標登録されているが、営利目的でなければ基本的に無償で使用できる。

次にｆｃの定義について整理しておく。というのもｆｃには実に多義的な定義が存在するからである。たとえば広報会議（2011）はｆｃを「社員が未来について考える場所」と定義する。また実際にｆｃを導入した東京日動システムでは「未来」に重きが置かれている。この定義では「未来」に重きが置かれている。また実際にｆｃを導入した東京日動システムでは「対話を通じて課題解決や価値創造を図る場」「ロジカルで解けない課題を未来志向で解決する場」と定義する。ここでは未来思考や対話だけでなく、「課題解決」の視点まで踏み込んでいるのが特徴である。また大学にｆｃを持ち込んだ静岡県立大学では「参加者が持ち込んだ課題を未来志

第2部　地域創生の最前線（事例編）

向で解決する場」と、やはり課題解決に踏み込んだ定義をしている（国保2012）。そして、わが国でいち早くfcという概念を紹介し、氷見市のfcにも着想のヒントを与えた野村恭彦はfcを「組織を超えて、多様なステークホルダーが集まり、未来志向で対話し、関係性をつくり、そこから創発されたアイディアに従い、協調的なアクションを起こしていく手法」と包括的に定義した（野村2012）。また、先のフューチャーセンター研究会では「組織（企業、政府、自治体など）が未来にかかわる戦略・政策の実践を目的に据え、当事者やステークホルダーが対話を通じて、解決手段や新たなアイディアを発見・共有し、相互協力の下で実践するために設ける『場』」と定義していた。ここでは課題解決という言葉は出てこないものの、野村（2012）同様、包括的な定義となっている。

以上の整理を踏まえ、本論では、未来志向の課題解決が重要との立場から「企業・行政・大学・NPOなど組織やセクターを超えて、多様な当事者及びステークホルダーが集まり、未来志向で対話し、関係性をつくり、そこから創発されたアイディアに従い、相互協力のもと協調的なアクションを起こし、地域や組織の課題解決をする場や空間」とfcを定義したい（杉岡2016：118頁）。なお、fcと似た用語としてフューチャーセッション（以下、fs）という用語がある。

結論から言えば、「センター」は、固定化された場所や空間と対話の両方を意味するに対し、「セッション」は、対話そのものを強調したい際に用いられる。誤解を恐れずに言えば、意味としては「セッション」は、ワークショップに近い。なお、本稿では基本的にfcに統一して用いることとする。

最後にfcの持つ機能についても整理しておく。野村（2013）の整理によると、fcは以

下4つの機能を持つとされる。本論でもこの4機能を前提としたい。

① 空間（多様な人がいつでも課題を持ち込みオープンに対話できる創造的な空間がある。ただし、物理的に専用の空間があるかどうかは必須用件ではない）。
② ファシリテーター（持ち込まれた課題から適切な「問い」を設定し、多様なステークホルダーを選ぶ。セッションでは圧倒的なホスピタリティで迎え、参加者全員が気持ちよく創造的な対話をし、それまで接点のなかった人同士が問題解決のために一緒になってアクションを起こしていく場をつくる）。
③ 方法論（様々な対話の手法や問題解決の方法論を目的に応じて活用する）。
④ おもてなし（人としての関係性づくりを促す）。

3 日本初フューチャーセンターの機能を備えた庁舎

氷見市の庁舎の整備の話が出たきっかけは平成23年の東日本大震災であった。この大震災を受け、旧庁舎の耐震診断をしたところ、耐震基準を満たしていないということが判明。さらに富山県の調査で旧庁舎の場所は津波浸水想定区域になるあることも判明し、移転やむなしということになった。そこから3か月間庁内で侃々諤々の議論が行われ、議会に7つの移転案が提示されることその中で選ばれたのが、平成24年に廃校となった旧県立有機高校の空き校舎の改修・活用案である。決め手は総事業費。この案を採用すれば、国の緊急防災・減債事業債を活用でき、総工費約19億円のうち市の負担は8億円だけで済むことが分かったのである。ともあれ、廃校を市庁舎

に活用するというのはあまり例がなく、公共施設マネジメント、リノベーションの事例としても本例は興味深い。しかし、これだけでは、ｆｃはまだ登場しない。もう一つの補助線としてエピソード、すなわち本川が市長になった背景、具体的には庁舎と市民参加について説明を補足する必要がある。

本川は、東京の大学を卒業後、衆議院議員の秘書を務めた。その後、富山に帰郷し、高岡商工会議所で地域振興事業の仕事に従事した。その際にファシリテーションの必要性に目覚め、自らの専門性を磨いていった。平成12年には家業を継ぎながら、政治・中間支援・民間をつなぐ経営士として活躍する。そして、ついにプロのファシリテーターとして起業し、地域企業のコンサルティングをなりわいとしていた。そんな中、先述の市庁舎の話を一市民として聞くことになった。

ここで本川は、市庁舎の移転、しかも空き校舎という公共施設の活用という市政の大きな変化をもたらす重要な決定事項であるにも関わらず、市の情報公開は十分でなく、「そもそも市民が市政に参加できないのではないか」と違和感を感じる。ここからの動きは急展開である。本川はなんと「市民のつぶやきをかたちに」をスローガンに市長選に出馬し、平成25年4月、見事初出馬で初当選を果たしたのである。

しかしながら、新市庁舎への移転は翌年の5月に実施することがすでに決定していた。もちろん市長の権限で白紙撤回にすることは不可能ではない。しかし、本川は政策の継続性や費用、議会との関係などを総合的に判断し、白紙撤回は得策ではないと決断。そこで仕掛けたのが、自らのファシリテーター力を発揮しながら展開できる市民と職員とのワークショップであった。市民は

この時「使い手の専門家」と見立てられ、ワークショップに誘われた。本川は「ファシリテーターの仕事というのはゴールデンルール、フレームを決めていくことなので、これらは所与の要件だとした」と振り返る（千葉2015：16頁）。まさに「もしファシリテーターが市長になったら？」の壮大な社会実験の幕開けである。

しかしながら、市長がワークショップの一から十まで全てを仕切る訳にも行かない。また当時職員にファシリテーターのノウハウが蓄積されている訳でもなかった。にも関わらず時間はない。そこで、本川が自身のネットワークを活用して、「世田谷トラストまちづくり」というファシリテーションのプロ集団にこのワークショップの舵取りを任せた。結果、短い期間ではあったが、3回に渡って「新市庁舎ワークショップ」が開催され、たとえば、「市長室は奥ではなく入口近くに」「なつかしい黒板など旧校舎時代の保存できるものは残したい」「赤ちゃん連れの市民のための授乳室やおむつ交換台を」といった市民の意見が次々と取り入れられていった。まさに「市民のつぶやき」がかたちになった瞬間である。そして、ここで出たアイディアや意見を組み合わせ、市長就任からほぼ1年に当たる平成26年5

全国初のfcの機能を備えた市庁舎

月に誕生したのが、全国初のｆｃの機能[2]を備えた新市庁舎であった。筆者も開庁式に視察に行ったが、1階も2階も見回せばすぐに部署が分かる開放的な空間で、職員も市民もすぐにミーティングやワークショップが出来る、まさにｆｃ庁舎がそこに誕生していた。日本初のファシリテーター専門の課が出来たのもこの頃である。なお、この新市庁舎は平成27年に国際ファシリテーター協会の「ファシリテーション・インパクト・アワード金賞」[3]受賞した。

4 氷見から学ぶ地域創生のエッセンス

以上よりこの氷見市モデルから地域創生のエッセンスを抽出したい。結論を先取れば、それは以下の3つに集約されよう。1つ目は市民との対話目線と未来志向の「心（マインド・志）」である。「市民の味わいたい感情」「ハードからソフト、ソフトからハートへ」（村島2015）。これは本川が好んで使うフレーズである。まさにこの言葉からもｆｃというハードだけでなく、ソフトやハートを重視している本川のポリシーを伺い知れる。 蛇足だが、京都市の総合戦略には「まち・ひと・しごと」に加え、「こころ」が足されている。言葉は違えども、ここにも通底するものがある。2

ワークショップやfcが常時できる専用の空間（センター）

つ目は市民と対話するための必要な「技（ファシリテーションスキル）」である。本川は市長就任後にそもそも「ファシリテーションで政治を変える」（前掲）と標榜した。地域担当職員をファシリテーターとして育て、「自己決定・地域内分権」ができる次世代に備えていこうと、現在50〜100名の職員にプロファシリテーターの研修を受講させているという。また、近年は、NPOや広告代理店、吉本興業など多様なバックボーンを持つ人間を職員として採用している。ファシリテーションの技術も重要であるが、それ以上にそもそもファシリテーションに向く人材を獲得することが大事との メッセージであろう。最後3つ目は「体」、すなわち「場＝ｆｃ」の存在そのものである。市役所は誰のものか。この答えは一様ではない。もちろん市民にとっての公共空間でなければならないというのが氷見市、そして本川の考えである。「用がある時しか来ない役所」から「用を作ってまで来たいと思う役所」づくりとも言える。平成28年度にはさらに庁舎外に「市民会議室」の設置も検討されているという。まさにこれもその延長線上にある考えであろう。

5　おわりに

以上、3種の神器全てを最初からフルスペックで揃えるのは難しいかもしれない。しかし、例えば「心」の持ちようにはお金が掛からない。また決して正しい順番がある訳ではない。市民と一緒に政策を作り上げる地域づくりをしたいのであれば、まず出来ることからチャレンジすることが肝要ということであろう。

ｆｃに似た言葉に「フューチャーデザイン」（西條 2015）という言葉がある。これは米国インディアンのイロコイ連邦の憲法にもある「七世代先を見据えた社会」のための意思決定のあり方という概念である。本川は「フューチャーデザイン」という言葉自体は使わないが、「行政の仕事は未来からの宿題」（東洋大学PPP研究センター 2015）と述べている。すなわち、未来を強く意識する政治家であることを強く意識している。当然この「未来」が意味するものが何世代先なのかは不明である。しかし、現在あるいは数年先ばかりを見がちな政治家や公務員が多い中、このような未来から現在を見るバックキャスティング志向を持っていることはまさにこのまちの強みであろう。

ともあれ、ファシリテーションやｆｃもつまるところは方法論、手段に過ぎない。行政の最大の役割は、言うまでもなく市民の福祉の向上、すなわち幸福追求の後方支援である。本川も「市役所は幸福創造企業、幸福創造商社、幸福創造シンクタンクである」（村島 2015）と述べている。本事例で一番見落としてはいけないのはこの視点ではないだろうか。まちの主役、主人公はあくまで市民なのである。

1　延床面積は7890m²。2つの2階建て体育館をA棟・B棟、3階建ての旧庁舎の一部をC棟とした。
2　具体的な設備としては1階には、地域協働スペース（多目的会議室1〜3）、B棟の2階には「センター」「キャンプ」「プレゼンテーション」「ワークショップ」と名付けられた4つの対話空間が設けられている。
3　2013年から始まった国際的なアワード。2015年は米国、カナダ、ニュージーランドなどか

ら42団体が応募。

【参考文献・資料】

国保祥子「大学生の力を地域に活かす「大学発フューチャーセンター」」『四銀経営情報』125号、四銀地域経済研究所、2012

西條辰義『フューチャーデザイン――七世代先を見据えた社会』勁草書房、2015

杉岡秀紀「京都市におけるフューチャーセンターを活用した次世代市民協働政策のための一試論」『同志社大学大学院政策科学研究20周年記念特集号』同志社大学政策科学研究、2016、115～125頁

千葉茂明「フューチャーセンター「市民のつぶやきをかたちに」」『ガバナンス』8月号、2015、4～17頁

東洋大学PPP研究センター『公共インフラ再生戦略 PPP/PFI徹底ガイド』日本経済新聞社、2015

野村恭彦『フューチャーセンターをつくろう』プレジデント社、2012

野村恭彦「フューチャーセンタによる参加型イノベーションの可能性」『研究技術・計画』vol・128no2、研究技術・計画学会、2013

野村恭彦「サービスシステムをデザインするフューチャーセッション・アプローチ」『情報処理』第55号、情報処理学会、2014

早田吉伸ほか「国内外事例分析に基づく日本型フューチャーセンターのデザイン」『地域活性化研究』第3巻、地域活性化学会、2012

村島正彦『新・公民連携最前線』PPPまちづくり』日経BP、2015

八塚裕太郎「海外オフィスに学ぶ2：未来志向の対話の場 フューチャーセンター」『日本オフィス学会誌』vol、2no2、日本オフィス学会、2010

事例4 神山町（徳島県）──創造的過疎が日本の田舎をステキに変える──

杉岡 秀紀

1 はじめに

神山町（以下、神山）は昭和30年に5村が合併した誕生したまちで、82・7％を山々で囲まれた自然豊かなまちである。町面積は徳島県内24自治体の中で9番目の広さを誇る。他方、人口は、昭和30年代には約2万1千人を誇ったものの、この頃から人口減少が始まり、現在は6千人を切り、5809人（平成28年1月1日現在）となった。いわゆる高齢化率約50％の過疎のまちである。しかし、神山は単なる過疎のまちではない。より正確に言えば、過疎高齢化が進んでいる現状に対し、無理に人口増大を図るのではなく、現実的・具体的な数値を基に過疎高齢化の緩和を図るという考え方をとっている。実際、平成23年には社会増が社会減を上回るなど、近年、神山へのIターン希望者が増えている（図表1）。それもいわゆる定年退職者やUターン者ではなく、世界中からクリエイティブな人材や手に職を持った若者たちが神山に集まっている。その数、平成22年から平成25年だけ

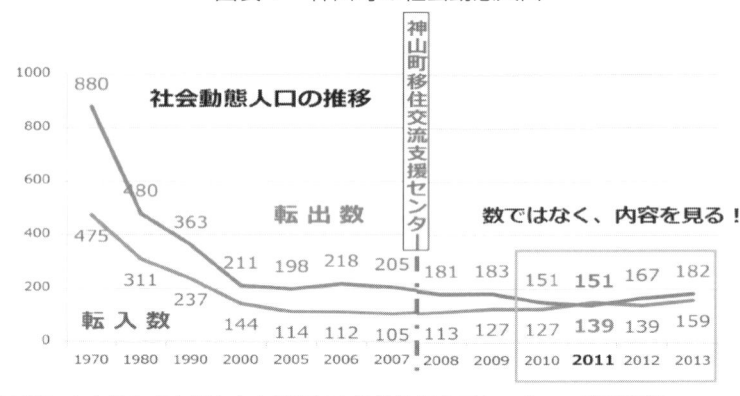

図表1　神山町の社会動態人口

社会動態人口の推移

転出数　　　　　　　数ではなく、内容を見る！

年	1970	1980	1990	2000	2005	2006	2007	2008	2009	2010	2011	2012	2013
転出数	880	480	363	211	198	218	205	181	183	151	151	167	182
転入数	475	311	237	144	114	112	105	113	127	127	139	139	159

（神山町移住交流支援センター）

（出所）大南信也「京都府立大学連続自治体特別企画セミナー」講演資料、2015a

で58世帯105名（子ども27名）。増田寛也（平成26年）は、いわゆる一連の増田レポートの中で一部の地域だけに人口が集まることを「極点社会」と評したが、神山では全国から人材を惹き寄せるという意味において「もう一つの極点社会」が現実のものになりつつある。この背景には一体何があるであろうか。結論を先取りすれば、それを紐解く鍵は、神山の出身者であり、神山にUターンで戻ったNPO法人グリーンバレー（以下、GV）理事長の大南信也の存在にある。以下、大南の言葉や考え方を中心に、神山の事例から地域創生のエッセンスを抽出する。

2　アリス in 神山

神山のまちづくりのルーツは今から約四半世紀前の平成3年に遡る。当時PTAの役員をしていた大南はじめ20名の有志が、神山に寄贈された青い目をした人形アリスを米国に里帰りさせたことから始まる。この人形アリスは昭和2年に日本で教鞭をとったことがある

第2部 地域創生の最前線（事例編）

ギューリック博士らが中心となって全米に呼びかけ、日米友好のために日本全国の小学校や幼稚園に寄贈したもので、神山以外のまちも含めて日本に約1万2千体寄贈されたものである。しかし、その多くは、戦禍が激しくなるにつれ、焼き捨てられた。そんな中300体ほどだけが戦禍を免れ、約半世紀の時を越えて残り、その一体が神山の小学校に残されていたのである。

このいわゆるアリスの里帰り以降、神山では国際交流の気風が高まる。翌平成4年には「神山町国際交流協会」が発足し、国際交流活動がスタートした。そして、平成9年からは徳島県の新長期計画の中で「とくしま国際文化村プロジェクト」が動き始め、その政策の一環として神山でも「国際文化村委員会」が発足した。ここから生まれたのが、日本で初めての「アドプト・プログラム（平成10年〜）」[1]、そして「アーティスト・イン・レジデンス（平成11年〜）」[2]である。こうした一連の流れについて大南は「後にGVの結成に関わっていく5人が、里帰りという成功体験を共有できたことが大きな収穫」（大南 2014b：5頁）と振り返る。このことからもアリスの里帰りが神山の「創造的過疎」の原点であることは明らかであろう。

3　アートのまちからワークのまちへ

その後、大南は平成16年に町内の5団体を束ね、GVを設立した。GVのミッションは「日本の田舎をステキに変える」こと。そして、①「人」をコンテンツとした田舎づくり、②多様な人の知恵が融合する「せかいのかみやまづくり」、③「創造的過疎」による持続可能な地域づくり、の3つのビジョンを掲げ、アドプト・ア・ハイウェイ神山（アドプトプログラム。平成10年〜）、

神山アーティスト・イン・レジデンス（平成11年～）、神山町移住交流支援センター受託運営事業（田舎暮らし、古民家物件・不動産に関する情報提供。平成19年～）、イン神山のサイト作成・管理（平成20年～）、オフィスイン神山（サテライトオフィス誘致事業。平成22年～）など多岐に渡る事業を次々に展開する。ここに共通するのは何だろうか。GVにはGVウェイというポリシーが存在する。「できない理由より、できる方法を」「とにかく始めろ（Just do it）」という思考の軸である。これが全事業を貫く背骨になっている。そして、ここに大南の「やったらええんちゃう？」という良い意味での「緩さ」（大南 2015b：62頁）が現場のアクションを後押しし、創造的な事業が次々に誕生している。

ここではその中でも特に特徴的な「創造的過疎」の取組を3つ紹介したい。まず1つ目は「ワーク・イン・レジデンス」4 である。通常Iターン者の職種まで指定するまちはない。しかし、神山ではビストロ、カフェ、パン屋、ピザ屋、靴屋、ゲストハウスなど現在まちの商店街に必要となる職業を明示し、仕事を持った移住者をIターン者として町内の空いている古民家にマッチングする。つまり、これは「不特定少数の中から特定の人を選ぶ」従来のやり方を真っ向から否定し、「特定少数の中から特定の人を選ぶ」（大南 2012：82頁）逆指名制度である。このことにより、パズルではないが現在まちに足らざる資源がどんどん埋まってきている。2つ目は「神山塾（厚生労働省からの受託事業）」である。この塾では棚田再生や森づくり、アドプト・プログラムの概要などが学べる。注目すべきは塾生の属性で、全国、とりわけ東京周辺から20～30代前半の独身女性が多く集まっている。これまでの6期（1期は半年）合計で77名の参加があった。

という。そして、そのうちの半分が塾の終了後に神山に移住し、そのうちの10％がカップルとして成立したという。総務省が仕掛けた地域おこし協力隊の地域への定着率も高いが、この塾も負けじと劣らない魅力がある証左であろう。3つ目は「サテライトオフィスの誘致」である。具体的には今まで東京に本社を置いていたITベンチャー12社（平成27年2月現在）[5]のサテライトオフィスを神山に誘致した。このサテライトオフィスのオープンにより、合計30名の新規雇用が生まれた。それもエンジニアやプログラマーなどだけでなく、近年はオンライン営業部門も移転して来ているという。「神山バレー」と形容されることがあるのもこのためである。この誘致に対して大南は「最初から意図して出来たものではなく、偶然の出会いから「生えてきた」もの」（大南2014a：128頁）と振り返る。確かにこれが実現したのは、平成17年に神山町が都会に負けない光ファイバー[6]を敷設した効果が観面したからであり、この「土づくり」がまさに結果としての官民協働の果実を生んだ。過疎のまちと言えば、通信環境も乏しく、産業は農林業中心と思われがちだが、それは先入観あるいは偏見である。大南は「シリコンバレーと田舎の間に最適解がある」（大南2014a：129頁）と独特の形容をしているが、まさに都会でも田舎でも同じように多様な仕事が出来る時代となった。それゆえ、むしろ住む場所や生活環境、ワークライフバランスをどうしたいか、という価値観が相対的に問われる時代に突入している。

以上が神山の代表的な取組である。前後するが、こういう様々な創造的過疎の取組を語る際に、神山のホームページ「イン神山（http://www.in-kamiyama.jp）」の存在が欠かせない。このホームページ自体は総務省の地域ICT利活用モデル構築事業として、特にアーティスト・イン・レジデン

スの発信のために構築されたものだが、実際にオープンしてみると、最もアクセスが多かったのは「神山で暮らす」という移住のコンテンツだったという。つまり、これまで紹介した取組は大南やGVの思いつきではなく、こうしたニーズに裏付けされた取組なのである。いずれにせよ、国際やアートをキーワードとするまちとして注目された神山は、近年はそれに加えてITやワークをキーワードとするまちとしても注目されるに至った。

4 神山から学ぶ地域創生のエッセンス

ここでは改めてこの神山モデルから地域創生のエッセンスを抽出したい。結論を先取れば、それは以下の3つに集約されよう。1つは「民主導」である。GV自体も民間の中間支援組織でもあるが、やはりそれ以上に米国のシリコンバレーで2年間学び、民間企業の経営者でもある大南の存在が大きい。大南は「役場が動いてくれないと怒っていても何も変わらない。余計頑なに、なるだけ。でも自分たちが結果を見せて、役場の人が変わる状況をつくり出すことはできる。そうすると、いずれ行政が関与できる局面も出てくる。その時に協力を得られたら、活動が広がっていく」（大南 2015b：63頁）と指摘する。確かにこれまでの過疎対策や少子化対策は完全に行政（官）主導であり、それでいてあまり成果が挙がってこなかった。しかし、このことに批判や評論をただ続けても社会は変わらない。だから神山ではまず民から動いたのである。2つは、「行政主導で動く。この熱意や姿勢、既成事実こそ行政を動かす原動力となるのである。神山の取組は、よく見ると、いずれも行政の持つ制度や予算を最大限との連携・協働」である。

第2部　地域創生の最前線（事例編）　57

活用していることが分かる。当然のことながら、ここでの行政とは基礎自治体（町）に限らず、広域自治体（県）や国も含む。いずれにせよ、民主導で完結するのではなく、上手く行政（官）を活用し、連携・協働する視点が重要である。3つ目は「若くて多様なよそ者の人材誘致」である。神山ではアーティストというよそ者から始まり、ワーク・イン・レジデンスや神山塾、サテライトオフィスなどの展開で次々に他府県からのよそ者を神山に誘致したことで、大南は「既成概念にとらわれない人たちがやってきて、まっさらな視点で地方の現実を見ることで、何かが起きる」（大南2014a：128頁）と述べるが、まさにその言葉のとおり、彼らの存在のお陰で神山では日々様々な「何か」が起きている。現在日本版CCRC（生涯活躍のまち）ということで、介護や医療の観点から高齢者の都心から地方への移住が話題となっているが、神山ではその若者版が先行して進んでいるとも捉えられるかもしれない。いずれにせよ、これらのエッセンスはいずれもシンプルなようでいて、実は言うは易く行うは難い。神山はこれを同時並行に組み合わせて展開したところに、まさに地域創生のモデルとしての先進性がある。

5　おわりに

「少子化」「過疎」「限界…」「消滅可能性…」など近年、地方自治体や地域を取り巻くキーワードにはネガティブなワードが多い。近年になってようやく「希望出生率」という言葉が出現したが、やや遅きに失した感がある。その中で神山が標榜したのが「創造的過疎」というポジティブでいて、少し皮肉な概念かつ方向性であった。

ところで、近年この「創造的過疎」に近い概念で「創造都市」「創造農村」(佐々木ほか 2014)という考え方、またそのネットワークづくりが自治体の枠、国の枠を越えて広がって来ている。神山の動きはある面ではそのような大きな動きの一環とも捉えられる。しかし、他方では、これらの動きとは一線を画し、まったく独自の動きとも捉えることもできる。いずれにせよ、創造的な視点で地域と真剣に向き合い、地域の資源を磨き、共感を広げたところに、今の神山がある。重要なことは、他力に頼るタリキスト的発想ではなく、自力で徹底的に考え、アクションを起こすジリキストの発想に尽きる(相川 2015)。ちなみに大南はこれを「ヒトノミクス」と呼んだ。つまり、そこに何があるかではなく、そこに誰がいるかが重要であり、「人が人を呼ぶ」(新居 2014：76頁)ということである。

ともあれ、これからも、田舎を単なる「すき」だけでなく、「手 (て) 」を加えて「すてき」(大南 2012：82頁)に変える神山の創造的な挑戦から目が離せない。

1 1985年に米国のテキサス州で始まった市民と行政が協働で進める清掃活動をベースとしたまち美化プログラム。
2 国内外からアーティスト約3名がまちに2か月程度滞在しながら、作品制作を行うこと。神山では武蔵野美術大学と連携して実施。
3 代表理事は大南信也。会員約60名、理事10名 (うち神山出身者は7名)、スタッフ10名 (うち神山出身者は2名)。
4 このアイディア自体は神山住民であり、働き方研究家の西村佳哲氏の発想であった。
5 テレビの番組の情報配信するプラットイーズやオンラインの名刺管理クラウドサービスのsans

6 徳島県のCATV普及率は88・9％で全国一位。

anなど。

【参考文献・資料】

相川俊英『反骨の市町村―国に頼るからバカを見る―』講談社、2015

新居徹也・大南信也「ICTが限界集落を救う？！徳島サテライトオフィスに集う若者たち」『環境会議』春号、2014d、74～77頁。

大南信也「クリエイティブな田舎」が目指す・叶える持続可能な地域」『地方自治職研修』6月号、公職研、2012、80～82頁。

大南信也「過疎をコントロールし、地域における世代間の循環を創出したい」『月刊レジャー』12月号、総合ユニコム、2013、76～79頁。

大南信也「最過疎先端の過疎集落から考え―神山町の再生手法―」『新建築』89号、新建築社、2014a、128～129頁。

大南信也・田村耕一「創造的過疎の世界モデルを目指す神山」『徳島経済』徳島経済研究所、2014b、2～19頁。

大南信也「まちは人がつくる。人をまちに呼び込む」『地方自治職員研修』8月号、公職研、2014c、1～5頁。

大南信也「京都府立大学連続自治体特別企画セミナー」講演資料、2015a

大南信也「雇用がないなら、仕事を持っている人を呼べばいい」『中央公論』129号、60～63頁、2015b

佐々木雅幸・川井田祥子・荻原雅也編著『創造農村』学芸出版社、2014

増田寛也編著『地方消滅―東京一極集中が招く人口急減―』中公新書、2014

増田寛也・冨山和彦『地方消滅 創生戦略編』中公公論新社、2015a

増田寛也編著『東京消滅―介護破綻と地方移住―』中公公論新社、2015b

事例5 鯖江市 ──市民協働のまちづくり&データシティ鯖江──

青山 公三 (京都政策研究センター長)

1 はじめに

福井県鯖江市は人口約6万9千人、福井県内では5番目にランクされる典型的な地方都市であり、福井県内では唯一人口が増加している都市である。しかし近年では、市民協働、若者、IT等を武器に「若者が住みたくなるまちづくり」をめざして先進的かつユニークなまちづくりを推進していることで有名である。

鯖江市では、平成16年に大規模な集中豪雨に見舞われたが、その際の外部からの支援をきっかけに生まれた「河和田アートキャンプ」、平成19年に「市長をやりませんか?」という呼びかけとともに始まった「鯖江市地域活性化プランコンテスト」、平成26年に若い女子高生の感性を行政に取り入れようと始まった「鯖江市JK課」。またそれに触発されて始まった「オープンデータの活用」等々、次々と地域の活性化に向けての政策を打ち出してきた。そしてWEB時代への対応ということから始まった「鯖江OC課」、

鯖江市の取組には、注目すべき点が三つある。一つは、常に市民が主役であり、市民が公共の新しい担い手として位置づけられ、市民協働という理念が貫かれていることである。二つ目は、若者や外部の人々を味方に引き入れ、存分にそのパワーを活用していることである。三つめは、ITを活用した時代を先取りするオープンデータへの取組など、新しい取組が地域を大きく変えようとしており、以下でその取組を紹介する。

2 市民主役・市民協働のまちづくり

鯖江市の市民主役・市民協働のまちづくりは、平成15年から16年にかけての福井市等との合併問題に端を発していると言える。平成15年には福井市等との合併についての住民投票が行われた。翌平成16年3月には合併反対派が2万7千人分の署名を提出し、合併協議離脱に至った。そしてその責任を問う形で市長のリコールが行われ、10月に現在の牧野市長が誕生した。

牧野市長は行政主導で進められた合併問題への反省から、

鯖江市提案型市民主役事業の実績

	提案事業数	採択団体数	採択事業数	採択事業金額（千円）
平成23年度	29	9	17	13,982
平成24年度	26	13	21	17,084
平成25年度	32	15	31	21,305
平成26年度	37	21	32	21,084
平成27年度	43	26	37	26,941
平成28年度	42	28	38	26,392
合　　計	209	112	176	126,788

資料：鯖江市ホームホームページより筆者作成
http://www.city.sabae.fukui.jp/pageview.html?id=10969

市民との対話、参画を重視し、市政運営の主眼を市民協働に置いた。その結果、平成22年には、「市民主役条例」を制定し、平成23年度から「提案型市民主役事業」が開始された。この事業は、市民から市政に関わる様々な事業を提案してもらい、審査の結果採択された事業を提案者、提案団体に委託し実施するものである。平成23年から28年まで、採択された事業は112団体176事業に及んでいる。その採択事業額は6年間で1億2千6百万円を超えている。これらの事業については、毎年事後評価も行われている。

事業の内容は実に多彩で、例えば平成28年度事業として採択された事業には、「市民まちづくり応援団養成講座」をはじめ、「男女共同参画啓発・促進事業」「いきがい講座」「まちかど歴史浪漫コンサート」「花によるまちづくりコンクール開催」等々、多方面にわたる提案事業が採択されている。この採択件数は年々増加しており、今後更なる分野での成長が見込まれている。

3 若者パワー・外部パワーを活用したまちづくり

鯖江市は若者のアイデア・パワー、外部のアイデア・パワーの活用に積極的である。平成19年に「鯖江市地域活性化プランコンテスト」が始まった。このコンテストは「市長をやりませんか？」という呼びかけのもと、福井県内も含めて全国の大学生たち24人が3人一組で8つのチームを作り、そのチームが2泊3日で鯖江市の現状と課題を調査し、鯖江市の活性化のための提案を競うものである。平成28年で10年を迎えるが、これまでに「SABAEめがねギネス」や「鯖江駅の2階に鯖江にちなむ文学などのミニ図書館をつくる」「宇宙シェア100％の挑戦（宇宙

飛行士の使うメガネを鯖江が１００％提供）「鯖江ブランド大使」等々、多くのアイデアが出され、すでにいくつかのアイデアは実行に移されてきている。

この地域活性化プランコンテストの取組には、毎年「我こそ明日の日本を担うリーダー」を自負する学生たちが全国各地から集結している。そして、平成26年には、この地域活性化プランコンテストの「おとな」版が発足した２。この「おとな」版は、学生のみならず、一般市民や広く全国の鯖江ファンを取り込み、市の運営に提案をしてもらおうとしているものである。

平成26年度の最初の応募者の提案の中に、「鯖江市JK課」なる提案があった３。普段市政からは程遠い女子高生に鯖江市の活性化のために役割を果たしてもらおうというものであった。この提案はすぐに採択され、実際に鯖江市の中に「JK課」が置かれ、活動が開始された。JK課は、最近の活動の中では「オリジナルスイーツ販売」「ゴミ拾い企画ピカピカプラン仮装バージョン」「地域TVレポーター」「自衛隊とのコラボ」等々の活動が具体的に展開されている。この取組も最初に挙げた市民協働の取組であるが、高校生まで巻き込んでまちづくりに取り組むのは、全国的にも大きな注目を集めている。

さらには、このJK課に触発されて、JK課ができたその年の後半に「鯖江OC課」４なるものもできた。OCは「おばちゃん」の意味で、「鯖江市」とせずに「鯖江」としたところに意味があるようである。このOC課も「多目的トイレの改善」や「友活」などの提案を行い、具体的な活動に移している。「おばちゃんが鯖江を変える」意気込みで取り組んでいるそうである。

時は前後するが、鯖江市は東部地区が平成16年に大きな水害の被害を受けた。その際に、ボラ

ンティアの支援に京都精華大学でデザインを教える片木孝治氏が学生を引き連れてボランティア支援に入った。そのボランティア支援の一環として、まず初年度の「河和田プロジェクト」につながった。そして平成18年から「河和田アートキャンプ」として、学生たちが学ぶ芸術・アートが何とか地域の復興に生かせないだろうかということが、学生たちがアートを通した地域貢献に取り組むようになってきた。所長を務める株式会社応用芸術研究所で、この研究所は鯖江市に本社を置き、この運営団体は片木氏が1000人以上の学生とつながりを持ち、アートを通じた地域づくりに大きな貢献をしている。このプロジェクトに参加して、すでに数人の学生達が河和田地区に移住もはたしている。

4　データシティ鯖江の取組

鯖江市に開発センターを置き、主にモバイルのソフトウェアを開発していた会社の社長福野泰介氏（鯖江市出身）は、ウェブ技術の標準化や標準仕様の普及促進をめざす国際コンソーシアム「Ｗ３Ｃ（ワールド・ワイド・ウェブ・コンソーシアム）」[5]の日本マネージャーを務める慶應義塾大学の一色正男教授と一緒に平成22年12月に牧野市長に会った。行政のデータをオープン化し、それを市民が自由に使えるようにする「データシティ鯖江」の提案であった。

折しも鯖江市は同年4月に市民主役条例を制定し、提案型市民主役事業を推進しようとしていた矢先であった。市民主役条例の条文にも「市は、積極的な情報公開や情報提供の運用を進め、市民の間で情報共有化、活用を図るよう努める」の文言があり、まさにその実現に大きく寄与す

る提案であった。当時の市長もITを活用した市民とのコミュニケーションや、行政運営などに大変関心があり、福野氏・一色氏らの提案は、まさに当を得た提案であったと言える。

福野氏はまず役所のデータを色々なソフトウェア、アプリなどで活用できるようデータをコンピュータが読めるデータフォーマット（XML形式）での公開を求めた。そして手始めにできたのがトイレ情報の公開であった。（平成24年1月）その後、国勢調査や住民基本台帳などの人口データや気象情報、避難所やAEDの設置個所情報、コミュニティバスの運行情報、消火栓の位置情報、観光・文化財情報、そして地図情報等々、24種類以上の情報をオープンにし、それに基づいて、福野氏をはじめ多くの市民が38種類のアプリを作成して公開した。

具体的なアプリの例としては、鯖江市のコミュニティバス「つつじバス」のロケーションや発着情報のわかる「バスどこサービス」や、市内で自分のいる位置に最も近い消火栓の位置が把握できるようにしたアプリなども開発された。オープンデータを活用した様々なアプリの開発は現在も続いており、生活に密着した様々なアプリが実用的に使えるようになってきている。

このような行政情報のオープンデータ化を行う一方で、市民に対するIT教育が活発に展開され、シニアプログラミング教室やプログラミングの義務教育化が行われてきている。このことは、将来的に鯖江市がIT産業の人材を多く輩出させることを予感させ、これまでの地場産業をしのぐ産業を創出して行くことが期待されよう。

5 おわりに

以上で見てきたように、鯖江市では地域のまちづくりに関して、市民が目覚め、市民自らが自発的にまちづくりを推進していける素地ができつつある。また、地域外部の人びとの活用システムも構築されてきた。そこに市の情報のオープンデータ化が進められ、新しい時代に向けての地域創生が始まりつつあると言っても過言ではない。今後の展開に大いに期待したい。

【参考文献・資料】

1 鯖江市から日本を元気にする。明日のリーダーをつくる。鯖江市地域活性化プランコンテスト
https://sabae-plancontest.jp/

2 鯖江市地域活性化プランコンテスト／Hana 道場運営／IT推進フォーラム／オープンガバメント／学生滞在型まちづくり活動支援事業／学生団体 with サポート
http://www.l-community.com/entry/2014/01/07/204245

3 福井県鯖江市／鯖江市役所JK課プロジェクト
http://www.city.sabae.fukui.jp/pageview.html?id=14528

4 福井県鯖江市／平成26年十大ニュース
http://www.city.sabae.fukui.jp/pageview.html?id=15842

5 オープンデータ発、鯖江から世界へ、オープンデータ鯖江
http://www.ashita-lab.jp/special/957/

事例6 湖南市（滋賀県）［実践報告］
―― 地域おこし協力隊での活動を通して ――

黄瀬 絢加（京都府立大学大学院 公共政策学研究科 大学院生）

1 はじめに

湖南市は、滋賀県南部に位置する人口約5万5千人のまちである。平成16年に旧甲西町と旧石部町が合併してできた。湖南市という名前ではあるが、残念ながらびわ湖には接していない。大阪や名古屋が100キロ圏内にあり、1時間もあれば都市部に出ることができる便利なまちであるだけでなく、自然も多く残っている。さらに、江戸時代は東海道五十三次の五十一番目の宿場町「石部宿」が栄えた、歴史も残るまちである。市内にある国宝の寺院をつないで「湖南三山」として観光PRをし、紅葉の時期には市内外からたくさんの観光客が訪れる。さらに、仮想動物都市「こにゃん市」や「こにゃん市長選挙」の他、障がい者福祉や自然エネルギーでも様々な取組が行われており、市内で行われている取組を挙げるとキリがない。

2 湖南市地域おこし協力隊

平成24年9月より、湖南市は「地域おこし協力隊」を導入し、私は第一期の協力隊として、3年間様々な活動を行ってきた。湖南市地域おこし協力隊の特徴は、都市圏に近いことを活かし、湖南市に暮らして、都市部につながりを持ちながら、地域活動に参加する「都市近郊型地域おこし協力隊」であるということである。

今回は、私が協力隊の任期中に行った活動や、任期中だけでなく任期後にも関わってきた湖南市内で行われている取組や団体について、紹介したい。

私が任期中に行った活動は大きく分けると、①コミュニティ・スペースの運営、②イベントへの参加・協力、③情報発信・情報誌の発行である。

活動を始めて最初に感じたことは、地元の人たちが自分たちの住むまちについてあまり知らない、または興味を持っていないということだ。着任して間もない頃、「湖南市はどんなまちですか」と質問すると、「なーんにもないのが特徴のまち」という答えが返ってきた。協力隊を始めたばかりの頃は、もちろん知り合いもほとんどいなかった。そんな中で事務所兼コミュニティ・スペースとして利用するために、旧東海道沿いの空き店舗を約2年間お借りした。

最初の頃は、高齢者の方が立ち寄ってくださることが多く、近所に住んでいてもなかなか顔を合わせる機会のない人たちが出会える場にもなっていた。地域の行事に合わせてイベントも行い始めたことで、子ども達も遊びに来てくれるようになり、様々な世代の交流が生まれる場にもな

だんだんと協力隊の存在を知ってもらうにつれて、市内の様々な団体から協力依頼をいただくようになった。コミュニティ・スペースでの出会いが、その後の活動のベースにもなっていった。

3 地域の魅力を再発見

コミュニティ・スペース周辺だけでなく、湖南市の他の地域の方とのつながりを作っていくためにも、イベントには積極的に参加や協力をした。

「東海道ウォーク　みちくさコンパス」は、JR三雲駅から石部駅までの旧東海道沿いに設置したポイントを、「湖南パスポート（通称：コンパス）」を手に、スタンプラリーをしながら歩くイベントである。イベントは2日間に渡って行われ、スタンプラリーポイントには、県内・市内在住の作家の作品等が展示された「まちなかアートギャラリー」や地元の食材を使った軽食等が楽しめる「おもてなし処」がある。スタンプラリーポイントを全て回ろうとすると、かなりの距離になることから、3回目となる今年度は、新たに「ホコ天（歩行者天国）」区間が設けられた。区間内には家族連れが楽しめる企画が用意され、健脚の方だけでなく、小さな子どもがいても楽しめるイベントにもなった。

「みちくさコンパス」には住民の方や地元の中学生がボランティアとしても参加している。各

「ホコ天」区間

スタンプラリーポイントでの地元の方とのふれあいも、このイベントの魅力である。アンケートによると、参加者も地元の住民が多い。「歩くことで、改めて地元のよさを発見することができた」等の声もあった。

次に紹介するのが、「劇団こなんヒストリア」。平成20年に、旧石部町の女性たちが中心となり結成された市民劇団である。湖南市のゆるキャラ「いしべえどん」を主人公にした劇で、湖南市の歴史や文化を伝える活動をしている。「いしべえどん」が二人の旅人をお供に、という旅形式のストーリーで、依頼を受けて自治会や小学校、地域のイベント等で公演を行っている。地域のことを学ぶ授業の一環として、毎年この劇を披露している小学校もある。

平成26年からは、松竹株式会社の協力を得て、劇団の台本をアレンジしていただき、演技指導もしていただいた。さらに、松竹新喜劇の俳優陣を招き、一緒にお芝居に参加していただいた。当日は地元の文化ホールには立ち見が出るほどで、普段なかなか触れることのない身近な歴史を、多くの方に感じてもらうことのできる機会となった。

劇団こなんヒストリア
特別公演『椿の実』

4 ど・ローカル情報誌「こなんこんなん」

協力隊の活動の中でもメインになっていたのが、③情報誌の作成・発行である。

協力隊として活動する中で、私が目標としていたことの一つが「地元の人が地元を好きになること」である。地元の人が愛着と誇りを持って、楽しんでいる地域は、市内からも市外からも魅力的に見えると考えたからだ。

コミュニティ・スペースやイベントでの地元の方との何気ない会話の中に、地元の人にとっては当たり前のつまらない話でも、よそ者にとっては面白い情報がたくさん隠れていた。その情報を持っていることが、協力隊である私たちの強みだと考え、それらを伝えるために作ったのが、「ど・ローカル情報誌こなんこんなん」である。

コンセプトは「今日もこなんで遊びましょう」。ずっと住んでいるうちに当たり前になってしまっている身近にあるものに目を向け、「今日はちょっと湖南市で遊んでみよう」と行動に移してもらうことを目指した。

情報誌の内容は、その名前の通り、湖南市にあるローカルなネタを取り上げて、面白おかしく伝えることで、身近にあって当たり前になっている魅力的な湖南市に気づいてもらおうとした。まずはよそ者である私たちが楽しんで、「ヒト・モノ・コト」を少し違った視点から伝えることを心がけた。たとえば、湖南市の特産品の一つである「弥平とうがらし」のおいしさを伝えるために、全国の一味唐辛子と食べ比べをしたり、「JR草津線には美人が多い」という噂を検証するため、駅で張り込みをしたり、お参りすると夜泣きを止めてくれるお地蔵さんがあると聞けば、

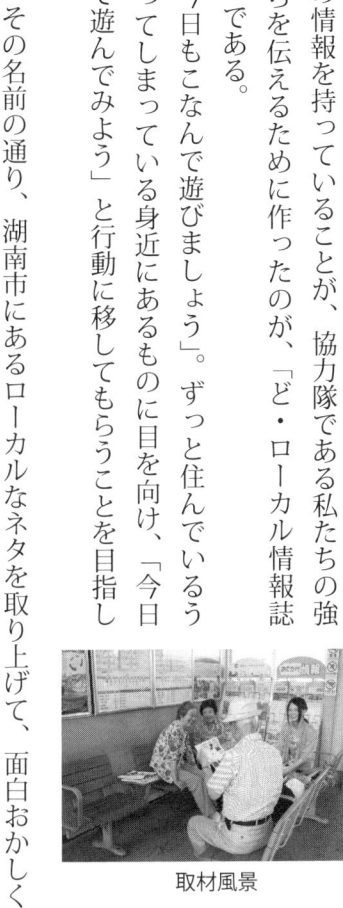

取材風景

事例6　湖南市（滋賀県）［実践報告］

夜泣きで困っている地域のお母さんに協力してもらい検証したり、自分たちで見て、聞いて、感じたことを伝えるようにした。

発行してみると、自分たちが思っていた以上に様々な反響があった。これまで「ここには何もないわ」と口癖のように言っていた地元の人たちが、ローカルな情報を持って来てくれるようになった。情報誌を読んで、わざわざ事務所まで足を運んでお話をしてくださる方、電話やファックスで情報を教えてくれる方、記事に載っていた場所に実際に足を運んでくれる方など、行動に移してくれる人が出てきた。少しずつだが、住んでいる人が湖南市を楽しみ始めている実感もあった。さらに、記事で紹介させてもらったお店や広告協賛してくださったお店の中には問い合わせや来客が増えたというところもあり、数値的にも湖南市民が行動に移していることがわかることもあった。

恐らくどこの地域でも、ずっと住んでいる地元の人は身近にあるものが当たり前になり、「何もない」と感じてしまう。よそ者の私たちが、普段の生活では見落としてしまうくらいの小さなことや、知っているけれど意外と行ったことのない場所等を、面白おかしく紹介したことで、見慣れたものに再度目を向けるきっかけを作ることができたと感じている。

ど・ローカル情報誌
「こなんこんなん」

5 「あったらいいな」を形に

協力隊の任期終了後に関わったのが、「湖南市発信スマイルプロジェクト」。平成27年5月に、地域に暮らす子育て世代の女性メンバーで結成された団体である。行政や地域の方等と協力しながら、「育ちの場」「集いの場」「学びの場」「情報の場」の四つの柱で「女性」と「子育て」の両方をサポートし、自分たちが子育てをする中で「あったらいいな」と感じることを、人任せにせず自分たちの手で次々に形にしている。まだ結成されて間もない団体だが、セミナーを行ったり、手づくり市を開催したり、一時保育や週一保育等の保育事業を立ち上げたり、情報誌を発行したりと、パワフルに活動している。

昨年発行された地域情報誌『スマイル vol.1 子育て編』は、未就学児を持つ親を対象とした情報誌である。インターネット等を利用すれば、情報はあふれているが、子育て中は必要な情報を集めるのも一苦労だ。急に子どもが体調を崩したときに看てもらえる病院、子育て支援ボランティアや一時保育、美容院やスーパー等の情報を1冊の冊子にまとめた。

次の課題は、必要な情報を必要としている人に、どのようにして届けるのかということである。

また、今後は子育て編の他に、高齢者向けの情報を集めたものや、湖南市に多い外国籍住民向けのもの等の発行も目指しているという。

地域情報誌『スマイル』

スマイルプロジェクトのメンバーは、行政や地域の方を本当に上手に巻き込んでいる。そのため、今後も彼女たちの「あったらいいな」はどんどん形になっていくだろう。

6 地域や団体の枠を越えて

協力隊としての活動を通して感じたことは、地域や団体の枠を越えて協力していくことや継続していくことの難しさである。

湖南市では既に様々な取組が行われている。そして、それぞれの取組を行っている方たちにお話を伺うと、誰もが自分の住むまちを良くしたいという思いを熱く語ってくださる。

しかし、同じような思いを持っているにも関わらず、バラバラに活動している団体がたくさんあり、もったいないと感じることも多かった。また次々に新しい取組も始められているが、継続されずに終わってしまうものも多いように感じる。

地域や団体の枠を越えて、お互いに協力していくことができれば、今よりも大きい規模でを継続してできるはずである。協力隊のような存在が、様々な地域や団体のつなぎ役になることができればと思う。

第3部 地域創生に取り組む市町村（調査編）

人口動態・アンケートなどからみる地域創生

青山　公三

ここでは、京都府内の2つの市町で取り組まれている地方創生の総合戦略と、その作成のために実施されたアンケート調査などを用いて、地方創生に取り組む自治体の実態について紹介したい。ただ、いずれの市町も地方創生事業への取組は、端緒についたばかりであり、ここで紹介する内容が最終的な戦略事業等とは異なってくる可能性もあることを断っておきたい。

なお、本ブックレットにおいては、特に国が進める事業等を示す場合を除いては「地域創生」を用いているが、第3部の本文では、市町がそれぞれの計画、ビジョンなどで「地方創生」を用いているため、それらを示す場合には「地方創生」を用いている。

1 京都府宮津市の取組

（1）宮津市の人口等の概況

京都府宮津市は京都府北部に位置し、人口は約一万九千人余で、昭和30年以後一貫して減少している。戦後から現在まで、実に約45％もの人口減少が続いており、この減少をストップし、増加に転じさせることが宮津市の地方創生事業の大きな課題となっている。

宮津市においては、市内に大学などの高等教育機関が無いことと、若い人々向けの働き場が少ないこともあって、例えば平成17年から22年の5年間の年齢階層別人口を比較すると、17年に15歳～19歳であった階層の人口が22年には20歳～24歳となるが、この人口が555人も減少している実態がある。この数字はその年代の人口のほぼ半数に相当している。

人口動態の分析では、この流失してしまった人口に対し、25歳～29歳の人口増が5年間で146人となっており、単純計算では10代から20代前半に流出した人口の約26％しか宮津市に戻ってきていないことになる。

（2）高校生のアンケート結果

このような動向は、宮津市に限らず、大学などがなく、若い人の働き場に乏しい地方都市では典型的な現象ともいえる。この点について、宮津市では市内にある高校の高校生に対するアンケート調査を実施して彼らの意向を聞いている。アンケートでは以下のような意見が出されている。

宮津市内に住む72％の高校生達は「卒業後下宿等をして大学・専門学校に通う」と答え、9％

第3部　地域創生に取り組む市町村（調査編）

の高校生が「下宿等をして会社などに通勤」と答えており、合わせて80％以上の高校生は市外に転出する意向を示している。

これらの転出していく高校生のうち、14％は「将来は現在の町に住みたい」と答えているが、39％が「宮津市に住むことを考えていない」と答えている。ただ、わからない、未回答の高校生も40％以上いる。

このように、アンケート調査でも若い人達が市外に流出していく傾向が顕著にみられるが、宮津市としては、まず「宮津市に将来住みたい」と思っている高校生達を確実に戻せる施策が必要であり、次には、まだ態度未決定の40％の高校生が戻ってこられる環境整備が必要であると言えよう。こうした環境整備が進行していき、同級生が続々と故郷に戻るという状況が起きてくると、現在は「帰らない」と答えている人たちも、将来考えを変える可能性もあると言えよう。

（3）宮津市の総合戦略

このような状況を踏まえ、宮津市においては、「宮津市まち・ひと・しごと創生総合戦略」の中で、まず「しごとをつくり、

宮津市年齢階層別人口動態（H17 → H22）

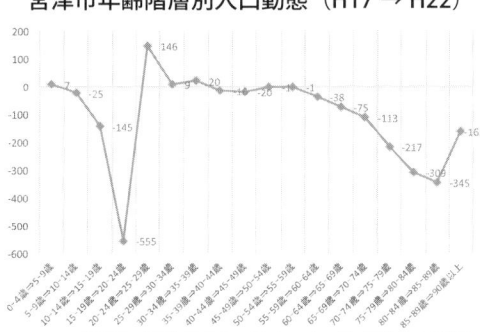

（資料：宮津市まち・ひと・しごと創生人口ビジョンより筆者作成）

人口動態・アンケートなどからみる地域創生　78

安心して働けるようにする」ことを目標に、「観光革命」による働く場の創出と、「海・里・山の地域資源を生かした里山経済圏の形成」を目指している。その詳細は紙幅の関係で紹介できないが、戦略的なしごと創生を目指している。それを前提に、高校生の地元回帰や市外からの人口流入を促進し、子育て環境などを充実することによって、現在の人口減少を食い止め、活力ある地域の創生を目指している。

2　京都府大山崎町の取組

（1）大山崎町の人口等の概況

大山崎町は、京都府南西部に位置し大阪府北部に隣接している。人口は一万五千人余で、過去10年余にわたり、ほぼ横ばい状態である。この大山崎町は、ちょうどバブル期には、住宅開発が町内各地で行われ、昭和61年には一万六千人余の人口規模にまで成長していたが、その後は減少してきている。

大山崎町の人口動態を年齢階層別にみると、20歳代の人口減少がみられるが、宮津市のような大きな減少ではない。しかし、60歳代以降の自然減の要素を除くと、ほとんどの年齢

大山崎町年齢階層別人口動態（H21 → H26）

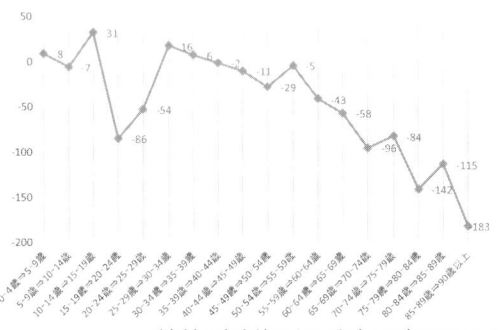

（資料：大山崎町人口ビジョン案 H27.11月より筆者作成）

階層での人口減が見られ、この食い止め策が必要であるといえよう。

転出入の相手先は京都府、大阪府の近隣市町が多く、転出入ともにほぼ4分の3を占めている。また、転出入の理由としては、仕事や住宅上の理由が多くなっている。

（2）転入者、町外在住者に対するアンケート[2]

今回の地方創生事業の関係で、大山崎町では過去5年間に転入してきた人々、町内の企業や団体、学校に勤める人々へのアンケート調査を実施しており、以下でその結果を概観したい。

大山崎町が実施した転入者と町内の企業等に勤める町外在住者に対するアンケートを見ると、転入者調査で「住み続けたい」と答えている人が44％、町外在住者の「住んでみたい」と答える人が4％であった。これらの調査とは別に、平成27年に実施された住民への総合計画のためのアンケート調査[3]において、大山崎町は「住み続けたい」と答えた人が62％あったことから、大山崎町は町外の人々にとって、住むのに魅力ある場所とは映っていないことがわかる。さらに言えば、京都府が平成26年に実施した京都府民の意識調査では、「住み続けたい」と答えている

転入者・町外在住者の住みたくない・住めない理由

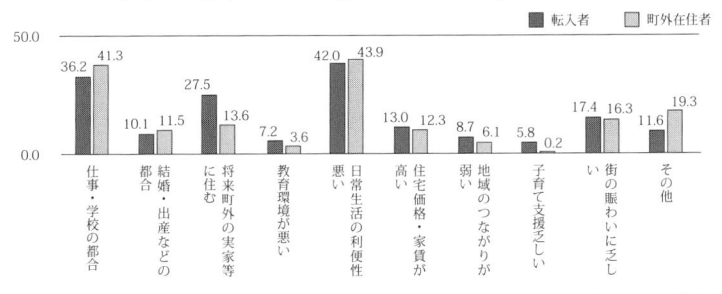

■ 転入者　■ 町外在住者

理由	転入者	町外在住者
仕事・学校の都合	36.2	41.3
結婚・出産などの都合	10.1	11.5
将来町外の実家等に住む	27.5	13.6
教育環境が悪い	7.2	3.6
日常生活の利便性悪い	42.0	43.9
住宅価格・家賃が高い	13.0	12.3
地域のつながりが弱い	8.7	6.1
子育て支援乏しい	5.8	0.2
街の賑わいに乏しい	17.4	16.3
その他	11.6	19.3

資料：大山崎町人口ビジョンより筆者作成

人の割合が府全体の平均で90％以上あったことを考えると、住民の町内への定住意識は相対的に低いと言わざるを得ない。

転入者、町外在住者へのアンケート調査で「住み続けたくない」もしくは「住むことができない」理由を聞いている。それによれば、買い物や公共交通などの「日常生活の利便性が悪い」と回答している人々が転入者の40％以上にも及んでいる。また、仕事や学校の都合などでと答えている人も40％前後に及び、大山崎町に職場などがあっても、大山崎町に住みたいと思っていない人が多い状況となっている。またさらに、「街の賑わいに乏しい」との意見が16〜17％あり、街の賑わいづくりも重要な課題となっている。

（3）大山崎町の総合戦略 4

以上のような状況を踏まえ、大山崎町では「大山崎町への新しい人の流れをつくり、活力を回復・向上させる」ことを基本目標とし、その第1基本目標「活力の回復・向上を担う人材育成」「利便性の高い生活の確保」「安定した雇用の確保」の3つの基本目標を掲げている。

そのための具体的な戦略施策は本稿の執筆時点ではまだ公表されていないが、大きなポイントとしては、町内にある天王山や、各種の貴重な歴史的資源、また宇治川、木津川、桂川の三川合流地点という地理的条件等を活かした新しい時代に即した観光戦略が検討されている。大山崎町における観光入込客一人当たりの観光消費額は平成25年には245円しかなく、5 この大幅アップにより経済的発展を目指し、それが街の賑わいを創出することと考えられている。

そしてさらに、地の利、交通の便等を活かした産業誘致や、町外の人々に対する魅力あるまち

づくりを推進することで、町外からの流入を促進し、定住を図るための施策も検討されている。

3 おわりに

地方創生のための総合戦略は今後さらにブラッシュアップされていくと考えられるが、2つの事例を見ても、何か事業を行ってすぐに解決できる問題は少なく、体系的、継続的な事業の展開が不可欠である。また、第3部ではあまり触れていないが、各都市とも将来人口の予測を行っており、特に出生率の上昇などについては、いずれの市町も国が示している将来の合計特殊出生率2.07になるという前提で予測が行われていることに少し違和感を覚えた。もちろん、市町村の努力も重要ではあるが、国が大きな観点での施策を講じなければ実現しえず、この点について、市町村から国への強い要請が必要である。

【参考文献・資料】

1 宮津市まち・ひと・しごと創生人口ビジョン／総合戦略
http://www.city.miyazu.kyoto.jp/www/info/detail.jsp?id=2623

2 大山崎町人口ビジョン
http://www.town.oyamazaki.kyoto.jp/cmsfiles/contents/0000008/8483/3.pdf

3 大山崎町総合計画策定のための住民意識調査報告書（平成27年）
http://www.town.oyamazaki.kyoto.jp/cmsfiles/contents/0000008/8047/3.pdf

4 大山崎町まち・ひと・しごと創生総合戦略案
http://www.town.oyamazaki.kyoto.jp/cmsfiles/contents/0000008/8483/3.pdf

5 京都観光総合調査（京都府観光課、京都市産業観光局）
http://www.pref.kyoto.jp/tokei/yearly/tokeisyo/tsname/tsg1013.html

おわりに（解説）

増田　寛也

セミナーで紹介された6事例から、地域創生を成功に導くためのポイントを考えてみたい。ポイントは4つある。1つ目は「外部人材の活用」である。「ヨソ者」の新鮮な視点や情報が、停滞している地域に活力をもたらすことは多い。市民が「なんにもないのが特徴のまち」と語っていた湖南市では、「地元の人には当たり前でつまらない話でも、よそ者にとっては「面白い」情報が豊富にあることに気付いた外部人材が、ローカル情報誌を発行し、今では市民自らが情報を寄せてくるようになった。神山町は、町に必要なスペックを予め整理し、移住者を逆指名するといった戦略を持ち外部人材を集めている。都会でビジネス経験のあるIターン、長い間地元を離れて久しぶりに戻ってきたUターンの人たちが起爆剤となり得る。彼らに活躍の場を与え、その力をうまく引き出すことが、地域創生にとって重要である。

ポイントの2つ目は、「若者の積極的な登用」である。地域に新鮮な視点をもたらすということでは、既成の価値観に縛られない若者もヨソ者と同じ効果をもたらす。地域をよく知っているということでは、ヨソ者以上かも知れない。真庭市は、元々人口流出や産業の衰退に対し若手経営者達が抱いた危機感からバイオマス産業が生まれたまちだが、現在でも総合計画策定にあたって公募したワークショップメンバーの半数が、将来の真庭を担う高校生で構成されている。鯖江

市では、「市長をやりませんか？」という問いかけに全国から集まった大学生による「地域活性化プランコンテスト」から様々な事業が生まれたり、地元福井高専出身で東京で起業したベンチャー経営者が、自治体と一体となって行政データのオープン化を促進。「鯖江市JK課」と称して、女子高生を巻き込んだ街づくりにも取り組んでいる。

3つ目は、「既存住民の意識改革」である。地域創生の成功には、役所に頼らず、住民自ら動き出すことが必須である。外部人材を受け入れたり、若者を登用するだけでは、地域創生は進まない。これらの従来とは異なる価値観を持つ人々を上手に受け入れ、バックアップする「オトナ」の存在が重要になる。早川町では、移住者受け入れに際し、集落単位の説明会を開催し、地域住民の合意形成を行うといった丁寧なプロセスを仕組み化している。氷見市は、多様なセクターの人々が集まり、未来志向で対話し、そこから創発されたアイディアによって地域の課題解決をするしくみとして「フューチャーセンター」を設置し、住民と自治体の双方が当事者意識を持つ空間として機能させている。

最後に重要なポイントとして、事例には直接書かれていないが、マネジメントする人材の存在を挙げたい。いずれの事例においても、長期的視点で地域の戦略・計画を立て、必要なヒト・モノ・カネという資源を調達し、地域の住民を巻き込みながら実行していく、地域マネジャーのような存在がある。残念ながら今の日本にそのような能力を持つ人材が足りていない。そのことが地方創生の取組の停滞をもたらしている。人材育成という、古くて新しい課題への挑戦こそ、地域創生の鍵である。

《資料》

About KPI

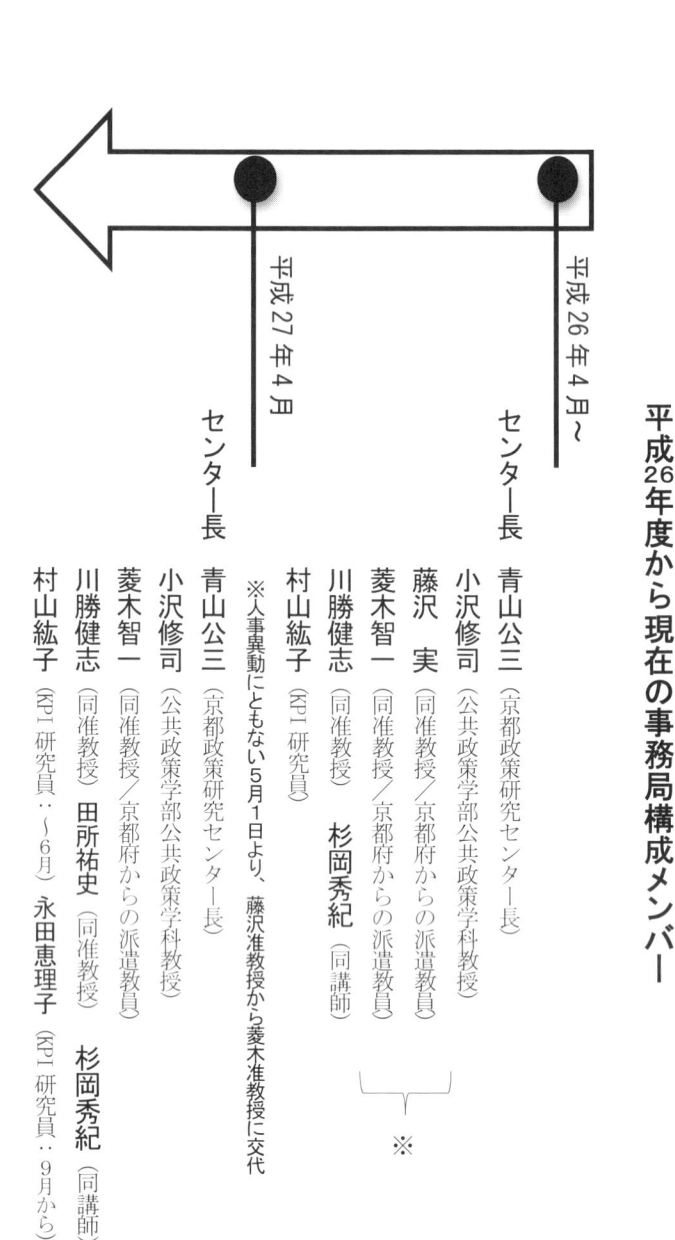

平成26年度から現在の事務局構成メンバー

平成26年4月～
センター長　青山公三（京都政策研究センター長）
小沢修司（公共政策学部公共政策学科教授）
藤沢　実（同准教授／京都府からの派遣教員）
菱木智一（同准教授／京都府からの派遣教員） ※
川勝健志（同准教授）
村山紘子（KPI研究員）　杉岡秀紀（同講師）

※人事異動にともない5月1日より、藤沢准教授から菱木准教授に交代

平成27年4月
センター長　青山公三（京都政策研究センター長）
小沢修司（公共政策学部公共政策学科教授）
菱木智一（同准教授／京都府からの派遣教員）
川勝健志（同准教授）　田所祐史（同准教授）
村山紘子（KPI研究員：～6月）　永田恵理子（KPI研究員：9月から）　杉岡秀紀（同講師）

政策提言活動

毎年京都府からの提案を受け、受託研究を実施しています。この受託研究は、京都府の重要政策課題を対象に「ワーキング・グループ」を京都府等行政関係者とともに設置します。京都府との協働により、各施策現場での実態調査、分析・評価、政策提言等を実施するとともに、地域の課題解決に貢献するための、専門的支援を行うものです。

【平成26年度実績】
○市町村行革支援に関する調査研究
○プロボノの実態に関する調査研究
○大学・地域連携のあり方に関する調査研究

【平成27年度実績】
○市町村行革支援（税外債権管理）に関する調査研究
○地域力交付金の効果に関する調査研究
○次世代人材育成推進組織のあり方に関する調査研究

教育・研修活動

○連続自治体特別企画セミナー（KPIセミナー）・下鴨サロン

自治体職員・議員、研究者、学生等を対象に、幅広い視野から地方自治に関する知識の習得と政策形成能力の向上を図るため、自治体の事例などを基に学識者と自治体等の実務経験者を招聘し、開催しているものです。その他、教育・研修活動の一環として、京都府との協働で、教員と府職員による「肩書きを外し、既存の制作の枠組みにとらわれないざっくばらんな政策議論の場」として「下鴨サロン」を開催しています。

【平成26年度連続自治体特別企画セミナー実績】

第1回　地方自治の楽しみ方－ナンバー1よりオンリー1
　　講師：谷畑英吾氏（滋賀県湖南市長）　対談者：杉岡秀紀

第2回　縮小時代の自治体経営－自立自治体の形成を目指して－
　　講師：西寺雅也氏（名古屋学院大学教授／元岐阜県多治見市長）
　　対談者：川瀬光義（京都府立大学公共政策学部教授）

第3回　里山資本主義の自治体づくり・まちづくり
　　講師：太田昇氏（岡山県真庭市長）
　　対談者：宮藤久士（京都府立大学大学院生命環境科学研究科准教授）

第4回　ガバメント再考！「自治体セーフティネット」の新展開
　　講師：山仲善彰氏（滋賀県野洲市長）
　　対談者：小沢修司

第5回　「ニッポンの日本」をデザインする南信州・飯田の戦略的地域づくり
　　講師：牧野光朗氏（長野県飯田市長）
　　対談者：川勝健志

特別企画　「地域に飛び出す公務員　in京都府立大学」
　　講師：前神有里氏（一財）地域活性化センター（愛媛県庁から派遣）、鈴木康久氏（京都府庁）
　　森本健次氏（南山城村役場）、山田崇氏（塩尻商工会議所（塩尻市役所から出向）

【平成27年度連続自治体特別企画セミナー実績】

第1回 神山発！日本の田舎をステキに変える〜アートとITによる未来の働き方〜
　講師：大南信也氏（NPO法人グリーンバレー理事長）
　対談者：佐々木雅幸氏（文化庁文化芸術創造都市振興室長）

第2回 地方自治体におけるオープンデータの活用
　講師：牧田泰一氏（福井県鯖江市役所政策経営部情報統括監）
　コーディネーター：青山公三

第3回 もしファシリテーターが市長になったら〜市役所がひらく対話の市政〜
　講師：本川祐治郎氏（富山県氷見市長）国保祥子氏（静岡県立大学経営情報学部講師）
　報告実践者：林田里紗乃氏（静岡県立大学経営情報学部4年生）

第4回 人口減少社会における地方創生の戦略
　講師：山田啓二氏（京都府知事）
　　　　増田寛也氏（京都府立大学客員教授、元総務大臣）

第5回 京都の地域創生、日本の地方創生
　講師：藻谷浩介氏（㈱日本総合研究所主席研究員）
　　　　中山泰氏（京丹後市長）佐々木稔納氏（南丹市長）堀忠雄氏（和束町長）
　コーディネーター：杉岡秀紀

調査・研究活動

地方自治体等からの委託を受け、依頼者（クライアント）と共に調査・研究を実施します。

【平成26年度】
○京都市左京区　「久多地域の支え合い・助け合いのまちづくり」に向けた検討」
○久御山町　「ガイドマップ作成委託業務」

【平成27年度】
○公益財団法人　京都府市町村振興協会　「グローバル化する社会における市町村職員の海外派遣等に関する調査研究業務」
○一般社団法人　地域問題研究所　「地方創生に関する調査」
○久御山町　『「くみやま　てくてくクロスマップ」へのAR導入に関するアドバイザー業務』
○宮津商工会議所　「中心市街地活性化に向けた市民共創まちづくり業務に関する調査研究」

その他、京都府立大学地域連携センターの「地域貢献型特別研究」を財源とした調査研究を平成26年〜平成27年度にかけて実施。

その他

【平成26年度】

○共催事業

　㈱日本経済研究所との共催セミナー

　「公共施設は誰のものか？〜つくらない時代の地域デザインを考える〜」

○委託事業

　京都環境文化学術フォーラムスペシャルセッション「森里海から地球を考える」

　（企画運営／京都環境文化学術フォーラムからの委託）

　「自治会長意見交換会／舞鶴のごみについて語る」コーディネート業務（舞鶴市からの委託）

【平成27年度】

○共催事業

　日本協働政策学会・京都府立大学公共政策学部との共催セミナー

　「人口減少問題と地方自治体」

広報活動

○ホームページ

▶http://www.kpu.ac.jp

○facebook

▶https://www.facebook.com/kpukpi

○ニュースレター（隔月発行）

▶ホームページに掲載しています。

○パンフレット

▶ご入用の際はご連絡ください。

○メールマガジン

▶ご希望の方は、kpiinfo@kpu.ac.jpまでご一報ください。

京都政策研究センターブックレット No. 4
地域創生の最前線
地方創生から地域創生へ

2016 年 3 月 28 日　初版発行

企　画	京都府立大学京都政策研究センター 〒 606-8522　京都市左京区下鴨半木町 1-5 TEL 075-703-5319　FAX 075-703-5319 e-mail: kpiinfo@kpu.ac.jp http://www.kpu.ac.jp/
監修・解説	増田寛也
編　著	青山公三・小沢修司・杉岡秀紀・菱木智一
発行人	武内英晴
発行所	公人の友社 〒 112-0002　東京都文京区小石川 5-26-8 TEL 03-3811-5701　FAX 03-3811-5795 e-mail: info@koujinnotomo.com http://koujinnotomo.com/
印刷所	倉敷印刷株式会社

ISBN978-4-87555-681-7

出版図書目録

- ご注文はお近くの書店へ小社の本は、書店で取り寄せることができます。
- ＊印は〈残部僅少〉です。
- 品切れの場合はご容赦ください。
- 直接注文の場合は電話・FAX・メールでお申し込み下さい。
（送料は実費、価格は本体価格）

[京都府立大学 京都政策研究センターブックレット]

No.1 地域貢献としての「大学発シンクタンク（KPI）」の挑戦
編著 青山公三・小沢修司・杉岡秀紀・藤沢実 1,000円

No.2 もうひとつの「自治体行革」住民満足度向上へつなげる
編著 青山公三・小沢修司・杉岡秀紀・藤沢実 1,000円

No.3 地域力再生とプロボノ 行政におけるプロボノ活用の最前線
編著 杉岡秀紀
著 青山公三・鈴木康久・山本伶奈 1,000円

No.4 地域創生の最前線 地方創生から地域創生へ
監修・解説 増田寛也
編著 青山公三・小沢修司・杉岡秀紀・菱木智一 1,000円

[地方自治ジャーナルブックレット]

No.33 都市型社会と防衛論争 松下圭二 900円

No.34 中心市街地の活性化に向けて 山梨学院大学行政研究センター 1,200円

No.35 自治体企業会計導入の戦略 高寄昇三 1,100円

No.36 行政基本条例の理論と実際 神原勝・佐藤克廣・辻道雅宣 1,100円

No.37 市民文化と自治体文化戦略 松下圭二 800円

No.38 まちづくりの新たな潮流 山梨学院大学行政研究センター 1,200円

No.39 ディスカッション三重の改革 中村征之・大森弥 1,200円

No.41 市民自治の制度開発の課題 山梨学院大学行政研究センター 1,200円

No.42 《改訂版》自治体破たん・「夕張ショック」の本質 橋本行史 1,200円＊

No.43 分権改革と政治改革 西尾勝 1,200円

No.44 自治体人材育成の着眼点 浦野秀一・井澤壽美子・野田邦弘・西村浩・三関浩司・杉谷戸知也・坂口正治・田中富雄 1,200円

No.45 シンポジウム障害と人権 橋本宏子・森田明・湯浅和恵・池原毅和・青木九馬・澤静子・佐々木久美子 1,400円

No.46 地方財政健全化法で財政破綻は阻止できるか 高寄昇三 1,200円

No.47 地方政府と政策法務 加藤良重 1,200円

No.48 政策財務と地方政府 加藤良重 1,400円

No.49 政令指定都市がめざすもの 高寄昇三 1,400円

No.50 良心的裁判員拒否と責任ある参加 市民社会の中の裁判員制度 大城聡 1,000円

No.51 討議する議会 自治体議会学の構築をめざして 江藤俊昭 1,200円

No.52 [増補版] 大阪都構想と橋下政治の検証 府県集権主義への批判 高寄昇三 1,200円

No.53 虚構・大阪都構想への反論 橋下ポピュリズムと都市主権の対決 高寄昇三 1,200円

No.54 大阪市存続・大阪都粉砕の戦略
地方政治とポピュリズム
高寄昇三 1,200円

No.55 「大阪都構想」を越えて
問われる日本の民主主義と地方自治
編著：(社)大阪自治体問題研究所 1,200円

No.56 翼賛議会型政治・地方民主主義への脅威
地域政党と地方マニフェスト
高寄昇三 1,200円

No.57 なぜ自治体職員にきびしい法遵守が求められるのか
加藤良重 1,200円

No.58 東京都区制度の歴史と課題
都区制度問題の考え方
著：栗原利美、編：米倉克良 1,400円

No.59 七ヶ浜町（宮城県）で考える
「震災復興計画」と住民自治
編著：自治体学会東北YP 1,400円

No.60 市民が取り組んだ条例づくり
市長・職員・市議会とともにつくった所沢市自治基本条例
編著：所沢市自治基本条例を育てる会 1,400円

No.61 いま、なぜ大阪市の消滅なのか
「大都市地域特別区法」の成立と今後の課題
編著：大阪自治を考える会 800円

No.62 地方公務員給与は高いのか
非正規職員の正規化をめざして
著：高寄昇三・山本正憲 1,200円

No.63 大阪市廃止・特別区設置の制度設計案を批判する
編著：大阪自治を考える会 900円

No.64 自治体学とはどのような学かの権利擁護
森啓 1,200円

No.65 通年議会の〈導入〉と〈廃止〉
長崎県議会による全国初の取り組み
松島完 900円

No.67 いま一度考えたい大阪市の廃止・分割
その是非を問う住民投票を前に事例に学び、活かしたい5つの成果要因
矢代隆嗣 800円

No.68 地域主体のまちづくりで「自治体職員」が重視すべき事
編著：大阪自治を考える会 926円

No.69 自治体職員が知っておくべき
マイナンバー制度50項
高村弘史 1200円

【福島大学ブックレット
21世紀の市民講座】

No.1 外国人労働者と地域社会の未来
著：桑原靖夫・香川孝三、編：坂本恵

No.2 自治体政策研究ノート
今井照 900円

No.3 住民による「まちづくり」の作法
今西一男 1,000円

No.4 格差・貧困社会における市民の権利擁護
金子勝 900円

No.5 法学の考え方・学び方
イェーリングにおける「秤」と「剣」
富田哲 900円

No.6 今なぜ権利擁護か
ネットワークの重要性
高野範城・新村繁文 1,000円

No.7 小規模自治体の可能性を探る
保母武彦・菅野典雄・佐藤力・竹内है俊・松野光伸 1,000円

No.8 小規模自治体の生きる道
連合自治の構築をめざして
神原勝 900円

No.9 文化資産としての美術館利用
地域の教育・文化的生活に資する方法研究と実践
辻みどり・田村奈保子・真歩仁しょうん 900円

No.10 フクシマで"〈前文〉"を読む
日本国憲法
家族で語ろう憲法のこと
金井光生 1,000円

[地方自治土曜講座
ブックレット]

No.7 自治と参加 アメリカの事例から
佐藤克廣 500円 ＊

No.8 政策開発の現場から
小林勝彦・大石和也・川村喜芳 800円 ＊

No.9 まちづくり・国づくり
五十嵐広三・西尾六七 500円 ＊

No.10 自治体デモクラシーと政策形成
山口二郎 500円 ＊

No.11 自治体理論とは何か
森啓 500円 ＊

No.12 池田サマーセミナーから
間島正秀・福土明・田口晃 500円 ＊

No.14 まちづくりの現場から　斉藤外一・宮嶋望　500円*
No.15 環境問題と当事者　畠山武道・相内俊一　500円*
No.17 市民自治の制度開発　神原勝　500円*
No.18 行政の文化化　森啓　600円*
No.19 政策法務と条例　阿部泰隆　600円*
No.21 分権時代の自治体経営　北良治・佐藤克廣・大久保尚孝　600円*
No.22 地方分権推進委員会勧告とこれからの地方自治　西尾勝　500円*
No.23 産業廃棄物と法　畠山武道　600円*
No.24 自治体計画の理論と手法　神原勝　600円（品切れ）
No.25 自治体の施策原価と事業別予算　小口進一　600円*
No.27 比較してみる地方自治　田口晃・山口二郎　600円*

No.29 自治体の課題とこれから　逢坂誠二　400円*
No.30 内発的発展による地域産業の振興　保母武彦　600円（品切れ）
No.31 地域の産業をどう育てるか　金井一頼　600円*
No.32 金融改革と地方自治体　宮脇淳　600円*
No.33 ローカルデモクラシーの統治能力　山口二郎　400円*
No.34 政策立案過程への戦略計画手法の導入　佐藤克廣　500円*
No.35 「変革の時」の自治を考える　神原昭子・磯田憲一・大和田健太郎　600円
No.37 分権時代の政策法務　礒崎初仁　600円*
No.38 地方分権と法解釈の自治　兼子仁　400円*
No.39 「近代」の構造転換と新しい「市民社会」への展望　今井弘道　500円*
No.40 自治基本条例への展望　辻道雅宣　400円*

No.41 少子高齢社会の自治体の福祉法務　加藤良重　400円*
No.42 改革の主体は現場にあり　山田孝夫　900円
No.43 自治と分権の政治学　鳴海正泰　1,100円
No.44 公共政策と住民参加　宮本憲一　1,100円*
No.45 農業を基軸としたまちづくり　小林康雄　800円
No.46 これからの北海道農業とまちづくり　篠田久雄　800円
No.47 自治の中に自治を求めて　佐藤守　1,000円
No.48 介護保険は何をかえるのか　池田省三　1,100円
No.49 介護保険と広域連合　大西幸雄　1,000円
No.50 自治体職員の政策水準　森啓　1,100円
No.51 分権型社会と条例づくり　篠原一　1,000円

No.52 自治体における政策評価の課題　佐藤克廣　1,000円
No.53 小さな町の議員と自治体　室埼正之　900円
No.55 改正地方自治法とアカウンタビリティ　鈴木庸夫　1,200円
No.56 財政運営と公会計制度　宮脇淳　1,100円
No.57 自治体職員の意識改革を如何にして進めるか　林嘉男　1,000円
No.59 環境自治体とISO　畠山武道　700円
No.60 転型期自治体の発想と手法　松下圭一　900円
No.61 分権の可能性 スコットランドと北海道　山口二郎　600円
No.62 機能重視型政策の分析過程と財務情報　宮脇淳　800円
No.63 自治体の広域連携　佐藤克廣　900円

- No.64 分権時代における地域経営　見野全　700円
- No.65 町村合併は住民自治の区域の変更である　森啓　800円
- No.66 自治体学のすすめ　田村明　900円
- No.67 市民・行政・議会のパートナーシップを目指して　松山哲男　700円
- No.69 新地方自治法と自治体の自立　井川博　900円
- No.70 分権型社会の地方財政　神野直彦　1,000円
- No.71 自然と共生した町づくり　宮崎県・綾町　森山喜代香　700円
- No.72 情報共有と自治体改革　片山健也　1,000円
- No.73 地域民主主義の活性化と自治体改革　山口二郎　900円
- No.74 分権は市民への権限委譲　上原公子　1,000円
- No.75 今、なぜ合併か　瀬戸亀男　800円
- No.76 市町村合併をめぐる状況分析　小西砂千夫　800円
- No.78 ポスト公共事業社会と自治体政策　五十嵐敬喜　800円
- No.80 自治体人事政策の改革　森啓　800円
- No.82 地域通貨と地域自治　西部忠　900円（品切れ）
- No.83 北海道経済の戦略と戦術　宮脇淳　800円
- No.84 地域おこしを考える視点　矢作弘　700円
- No.87 北海道行政基本条例論　神原勝　1,100円
- No.90 「協働」の思想と体制　森啓　800円
- No.91 協働のまちづくり　三鷹市の様々な取組みから　秋元政三　700円＊
- No.92 シビル・ミニマム再考　松下圭一　900円
- No.93 市町村合併の財政論　高木健二　800円＊
- No.95 市町村行政改革の方向性　佐藤克廣　800円
- No.96 創造都市と日本社会の再生　佐々木雅幸　900円
- No.97 地方政治の活性化と地域政策　山口二郎　800円
- No.98 多治見市の総合計画に基づく政策実行　西寺雅也　700円
- No.99 自治体の政策形成力　森啓　800円
- No.100 自治体再構築の市民戦略　松下圭一　900円
- No.101 維持可能な社会と自治体　宮本憲一　900円
- No.102 道州制の論点と北海道　佐藤克廣　1,000円
- No.103 自治基本条例の理論と方法　神原勝　1,100円
- No.104 働き方で地域を変える　山田眞知子　800円（品切れ）
- No.107 公共をめぐる攻防　樽見弘紀　600円
- No.108 三位一体改革と自治体財政　岡本全勝・山本邦彦・北良治　1,000円
- No.109 連合自治の可能性を求めて　逢坂誠二・川村喜芳　1,000円
- No.110 「市町村合併」の次は「道州制」か　松岡市郎・堀則文・三本英司　佐藤克廣・砂川敏文・北良治他　1,000円
- No.111 コミュニティビジネスと建設帰農　森啓　900円
- No.112 「小さな政府」論とはなにか　松本懿・佐藤吉彦・橋場利夫・山北博明・飯野政一・神原勝　1,000円
- No.113 栗山町発・議会基本条例　牧野富夫　700円
- No.114 北海道の先進事例に学ぶ　橋場利勝・神原勝　1,200円
- No.115 地方分権改革の道筋　宮谷内留雄・安斎保・見野全・佐藤克廣・神原勝　1,000円
- No.116 転換期における日本社会の可能性〜維持可能な内発的発展　西尾勝　1,200円
- 宮本憲一　1,100円

[TAJIMI CITY ブックレット]

No.2 転型期の自治体計画づくり 松下圭一 1,000円
No.3 これからの行政活動と財政 西尾勝 1,000円（品切れ）
No.4 構造改革時代の手続的公正と第二次分権改革 鈴木庸夫 1,000円
No.5 自治基本条例はなぜ必要か 辻山幸宣 1,000円
No.6 自治のかたち、法務のすがた 天野巡一 1,100円
No.7 自治体再構築における行政組織と職員の将来像 今井照 1,100円
No.8 持続可能な地域社会のデザイン 植田和弘 1,000円
No.9 「政策財務」の考え方 加藤良重 1,000円
No.10 市場化テストをいかに導入するべきか 竹下譲 1,000円

[地域ガバナンスシステム・シリーズ]
（龍谷大学地域人材・公共政策開発システム・オープン・リサーチセンター（LORC）…企画・編集）

No.1 地域人材を育てる自治体研修改革 土山希美枝 900円
No.2 公共政策教育と認証評価システム 坂本勝 1,100円
No.3 暮らしに根ざした心地よいまち 1,100円
No.4 持続可能な都市自治体づくりのためのガイドブック 1,100円
No.5 英国における地域戦略パートナーシップ 編：白石克孝、監訳：的場信敬 900円
No.6 マーケットと地域をつなぐパートナーシップ 編：白石克孝、著：園田正彦 1,000円
No.7 政府・地方自治体と市民社会の戦略的連携 的場信敬 1,000円
No.8 多治見モデル 大矢野修 1,400円
No.9 市民と自治体の協働研修ハンドブック 土山希美枝 1,600円
No.10 行政学修士教育と人材育成 坂本勝 1,100円
No.11 アメリカ公共政策大学院の認証評価システムと評価基準 早田幸政 1,200円
No.12 イギリスの資格履修制度 資格を通しての公共人材育成 小山善彦 1,000円
No.14 炭を使った農業と地域社会の再生 1,000円
No.15 対話と議論で〈つなぎ・ひきだす〉ファシリテート能力育成ハンドブック 土山希美枝・村田和代・深尾昌峰 1,200円
No.17 東アジア中山間地域の内発的発展 日本・韓国・台湾の現場から 清水万由子・*誠國・谷垣岳人・大矢野修 1,200円

[北海道自治研ブックレット]

No.1 市民・自治体・政治 再論・人間型としての市民 松下圭一 1,200円
No.2 議会基本条例の展開 その後の栗山町議会を検証する 橋場利勝・中尾修・神原勝 1,200円
No.3 福島町の議会改革 議会基本条例＝開かれた議会づくりの集大成 溝部幸基・石堂一志・中尾修・神原勝 1,200円
No.4 議会改革はどこまですすんだか 改革8年の検証と展望 神原勝・中尾修・江藤俊昭・廣瀬克哉 1,200円

No.11 市場と向き合う自治体
小西砂千夫・稲澤克祐 1,000円

[単行本]

フィンランドを世界一に導いた100の社会改革
編著 イルカ・タイパレ
訳 山田眞知子 2,800円

公共経営学入門
編著 ボーベル・ラフラー
訳 みえガバナンス研究会
監修 稲澤克祐、紀平美智子 2,500円

変えよう地方議会
〜3・11後の自治に向けて
編著 河北新報社編集局 2,000円

自治体職員研修の法構造
田中孝男 2,800円

自治基本条例は活きているか?!
〜ニセコ町まちづくり基本条例の10年
編 木佐茂男・片山健也・名塚昭 2,000円

国立景観訴訟〜自治が裁かれる
編著 五十嵐敬喜・上原公子 2,800円

成熟と洗練
〜日本再構築ノート
松下圭一 2,500円

地方自治制度「再編論議」の深層
監修 木佐茂男
著 青山彰久・国分高史 1,500円

韓国における地方分権改革の分析
〜弱い大統領と地域主義の政治経済学
編著 尹誠國 1,400円

自治体国際政策論
〜自治体国際事務の理論と実践
楠本利夫 1,400円

自治体職員の「専門性」概念
〜可視化による能力開発への展開
林奈生子 3,500円

アニメの像 VS. アートプロジェクト〜まちとアートの関係史
竹田直樹 1,600円

NPOと行政の《協働》活動における「成果要因」
〜成果へのプロセスをいかにマネジメントするか
矢代隆嗣 3,500円

おかいもの革命
消費者と流通販売者の相互学習型プラットホームによる低酸素型社会の創出
編著 おかいもの革命プロジェクト 2,000円

原発再稼働と自治体の選択
原発立地交付金の解剖
高寄昇三 2,200円

「地方創生」で地方消滅は阻止できるか
地方再生策と補助金改革
高寄昇三 2,400円

地域創生への挑戦
住み続ける地域づくりの処方箋
監修・著 長瀬光市
著 縮小都市研究会 2,600円

総合計画の新潮流
自治体経営を支えるトータル・システムの構築
監修・著 玉村雅敏
編集 日本生産性本部 2,400円

総合計画の理論と実務
行財政縮小時代の自治体戦略
編著 神原勝・大矢野修 3,400円

自治体の人事評価がよくわかる本
これからの人材マネジメントと人事評価
小堀喜康 1,400円

だれが地域を救えるのか
作られた「地方消滅」
島田恵司 1,700円

分権危惧論の検証
教育・都市計画・福祉を題材として
編著 嶋田暁文・木佐茂男
著 青木栄一・野口和雄・沼尾波子 2,000円

地方自治の基礎概念
住民・住所・自治体をどうとらえるか
編著 嶋田暁文・阿部昌樹・木佐茂男
著 太田匡彦・金井利之・飯島淳子 2,600円

松下圭一・私の仕事
著作目録
松下圭一 1,500円

震災復旧・復興と「国の壁」
神谷秀之 2,200円

自治体財政のムダを洗い出す
財政再建の処方箋
高寄昇三 2,300円

自治体広報はプロモーションの時代からコミュニケーションの時代へ
マーケティングの視点が自治体の行政広報を変える
鈴木勇紀 3,500円

自治体プロジェクトマネジメント入門
協働による地域問題解決の手法とツール
矢代隆嗣 2,000円

[自治体危機叢書]

2000年分権改革と自治体危機
松下圭一 1,500円

自治体財政破綻の危機・管理
加藤良重 1,400円

自治体連携と受援力
もう国に依存できない
神谷秀之・桜井誠一 1,600円

政策転換への新シナリオ
小口進一 1,500円

住民監査請求制度の危機と課題
田中孝男 1,500円

政府財政支援と被災自治体財政
東日本・阪神大震災と地方財政
高寄昇三 1,600円